KB264032

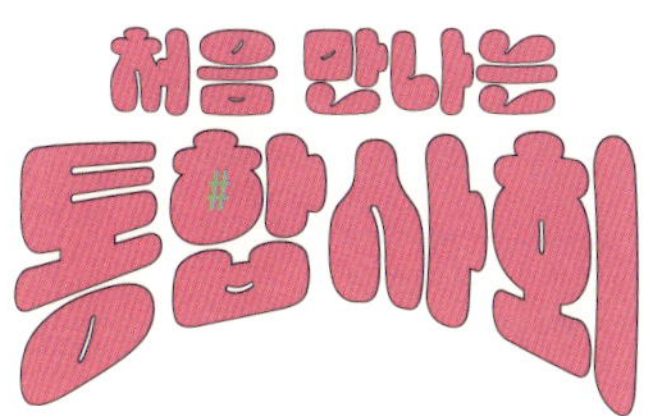처음 만나는
통합사회

# 처음 만나는 통합사회

국제 이슈 따라 이해하는 핵심 개념 29

초판 1쇄 발행 2025년 10월 31일

지은이　고혜림 윤노아 이예지 조은아
그린이　박상훈
펴낸이　이영선
책임편집　이현정 정유민

편집　이일규 김선정 김문정 김종훈 이민재 이현정 조유진
디자인　김회량 위수연
독자본부　김일신 손미경 정혜영 김연수 김민수 박정래 김인환

펴낸곳 서해문집 | 출판등록 1989년 3월 16일(제406-2005-000047호)
주소 경기도 파주시 광인사길 217(파주출판도시)
전화 (031)955-7470 | 팩스 (031)955-7469
홈페이지 www.booksea.co.kr | 이메일 shmj21@hanmail.net


ISBN 979-11-94413-69-1　43300

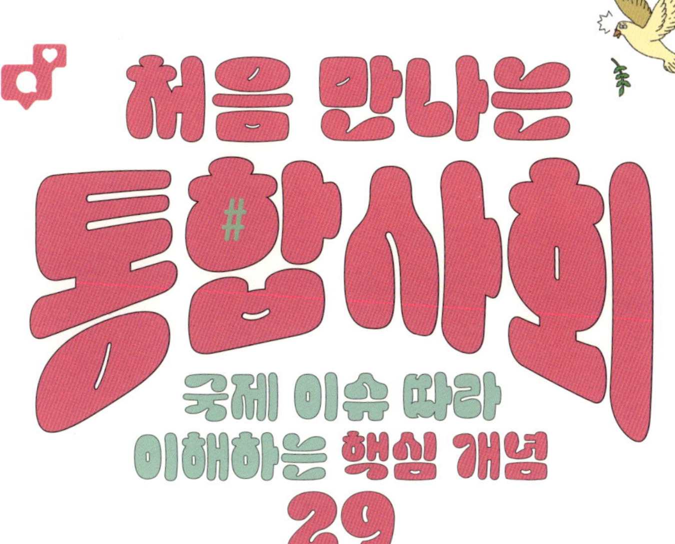

# 처음 만나는 통합사회

## 국제 이슈 따라 이해하는 핵심 개념 29

고혜림 윤노아
이예지 조은아
지음

서해문집

# 통합사회 해시태그 여행을 시작하며

# '통합사회' 과목에 대해 들어 봤니?

고등학교에서 배우게 될 '통합사회'는 정치, 경제, 사회, 문화, 지리, 역사, 윤리 등 다양한 렌즈로 사회 현상과 문제를 바라보는 과목이야. 2028학년도부터는 대학수학능력시험 공통 응시 과목이 될 예정이라서 중요성이 더 커졌어. 그런데 낯선 주제와 개념이 많아서 처음 접하는 친구들은 "이게 도대체 무슨 말이지?" 하며 어렵게 느낄 수도 있을 거야.

혹시 이런 해시태그를 본 적 있어?
#BoycottMcDonalds #PrayForAustralia #OscarSoWhite

SNS에서 이런 형태의 해시태그를 흔히 볼 수 있었을 거야. 그런데 어떤 해시태그들은, 그 내용을 자세히 들여다보면 단순한 글자 묶음이 아니라는 걸 알 수 있어. 이렇게 짧은 해시태그 안에 전 세계 사람들의 목소리와 사회 변화를 요구하는 움직임이 담기기도 하거든.

예를 들어 볼까? 러시아가 우크라이나를 침공한 이후 국제 사회에서는 러시아를 비판하는 목소리가 커졌어. 전쟁을 일으킨 러시아에서 계속 매장을 운영하는 맥도날드에도 문제를 제기했지.

그래서 전 세계 소비자들은 #BoycottMcDonalds 해시태그를 만들었어. 사람들은 해시태그를 퍼뜨리며 맥도날드 불매운동을 이어갔고, 결국 맥도날드는 러시아에서 철수하게 됐지. 이 사건은 다국적 기업, 소비자 주권, 윤리적 소비, 세계 시민 의식이라는 '통합사회' 개념을 모두 담고 있어.

이 책은 '국제 이슈'로 출발해 '해시태그'를 거쳐 '29개의 통합 사회 핵심 개념'에 도착하도록 만들었어. 러시아–우크라이나 전쟁, 아프리카의 청년 실업 문제, 최악의 호주 산불, 아카데미 시상식에서의 인종차별 등 뉴스나 SNS에서 본 장면이 곧바로 교과 개념으로 이어지게 구성했거든. 복잡하게만 느껴졌던 사회 이슈들이 훨씬 쉽고 재미있게 이해될 거야. 동시에 교과 개념까지 머리에 쏙쏙 들어올 테고!

'통합사회'라는 과목이 어렵고 생소하게 느껴지는 예비 고등학생과 고등학교 사회 과목을 미리 공부하고 싶은 중학생들이라면 이 책을 꼼꼼하게 읽어 보길 바라. '통합사회'와 관련해 최신 국제 이슈와 다양한 활동을 찾는 선생님, 국제 이슈를 주제로 가족들과 대화를 나누고 싶은 사람들에게도 도움이 될 거야.

# 《처음 만나는 통합사회》
# 어떻게 읽을까?

● **읽기**　하루에 하나씩 관심 있는 국제 이슈나 해시태그를 골라 읽어 봐. '역사 톡톡' '지리 톡톡' '윤리 톡톡' '용어 톡톡' 코너로 개념을 쉽게 이해할 수 있을 거야.

● **연결하기**　이 책에 나온 국제 이슈와 관련된 뉴스를 보거나 SNS에서 비슷한 해시태그를 발견했다면? 곧장 책을 펼쳐서 통합사회 개념들과 어떻게 연결되는지 확인해 봐!

● **실천하기**　관심 있는 국제 이슈가 있다면 혹시 내가 참여할 수 있는 방법은 없는지 찾아보자. 해시태그 운동 같은 가장 쉬운 것부터 시도해 봐도 좋아! 그리고 이 책의 각 장에 소개된 탐구활동을 실천하면 나만의 '통합사회 포트폴리오'를 만들 수 있을 거야.

'통합사회'는 단순한 시험 과목이 아니라 세상을 이해하는 창문이라는 걸 잊지 마. 작은 휴대폰 속 SNS 해시태그가 세상을 바꾸기도 하고, 너희들의 외침 한마디가 미래를 바꾸는 씨앗이 될 수도 있어. 자, 그럼 이제 세상으로 향하는 '통합사회' 해시태그 여행을 함께 시작해 볼까?

차례

# 통합사회 연계 개념

#실업 #인구구조 #행복의조건

#기후변화 #쌍극화현상 #인류세 #파리기후협정 #생태시민

#난민 #자문화중심수의 #제노포비아 #질높은정주환경 #이슬라모포비아

#유럽연합 #개인정보유출 #필터버블

#시민불복종 #문화상대주의

#인권 #사회적소수자 #적극적우대조치 #역차별

#국제기구 #소극적평화·적극적평화 #소비자주권 #윤리적소비

#세계시민의식 #비정부기구 #지속가능발전

# 아프리카

## #RejectFinanceBill2024

'Z세대' 하면 어떤 이미지가 떠올라? 큰 헤드폰을 끼고
좋아하는 일에 열중하는 모습이나 누가 뭐래도 자신의
길을 간다는 '마이 웨이' 태도, 소셜 미디어의 개성 있는
'힙'한 셀카들이 Z세대의 대표적 이미지로 떠오르지
않니? 갑자기 웬 Z세대냐고? 최근 아프리카 Z세대의
움직임이 심상치 않거든.

Z세대
이야기
Reject
Finance
Bill
#RejectFinanceBill2024

# 아프리카 Z세대에게 무슨 일이?

#실업

#인구구조

#재정법안

#디지털네이티브

# Z세대, 넌 누구냐?

Z세대는 1990년대 중반부터 2010년대 초반 사이에 대이난 세대를 가리키는 말이야. 이들은 이전 세대와 구분되는 특징을 보여주곤 하지. 그래서 요즘 기성세대에게 다양한 관심을 받고 있어. '도대체 저 세대는 뭐지?' 하고 말야.

Z세대는 디지털 환경에서 자란 디지털 네이티브Digital Native 세대야. 스마트폰, SNS, 인터넷 같은 기술에 매우 익숙하지. Z세대 사이에서는 "로우키lowkey"라는 말이 자주 쓰여. 강하게 드러내진 않지만, 속으로 슬쩍 느끼는 생각이나 감정을 표현할 때 사용해. 이 유행어에서 알 수 있듯이 그들은 자신만의 방식으로 정체성과 개성을 드러내는 걸 중요하게 생각해. 대체로 정보화, 세

계화, 민주화가 이루어진 시기에 자랐기 때문에 공정성이나 사회적 이슈에도 민감하지.

Z세대는 한국뿐 아니라 전 세계적으로 큰 주목을 받고 있어. 그중에서도 최근 가장 많은 관심을 받는 아프리카 Z세대의 이야기를 시작해 볼게.

## 아프리카의 특징

아프리카 대륙은 세계에서 두 번째로 큰 대륙이야. 사하라 사막을 기준으로 두 개의 큰 지역으로 나눌 수 있어.

사하라 사막 이북은 북아프리카라고도 불리는데, 오랜 기간 이슬람 문화권의 영향을 받아서 아랍어를 사용하고 이슬람교를 믿어. 사하라 사막 이남은 다양한 토착 문화를 유지하다가, 제국주의 시절 유럽 식민지 지배를 받은 후 토착 문화와 유럽 문화가 공존하게 됐지. 북아프리카는 석유, 천연가스 등의 자원 덕분에 경제 발전이 이뤄진 편이야.

반면 사하라 사막 이남은 상대적으로 경제 발전이 이뤄지지 않았어. 농업 중심의 산업이 주를 이루고 있지. 빈곤율도 높고 사회 기반 시설이 부족한 편이야.

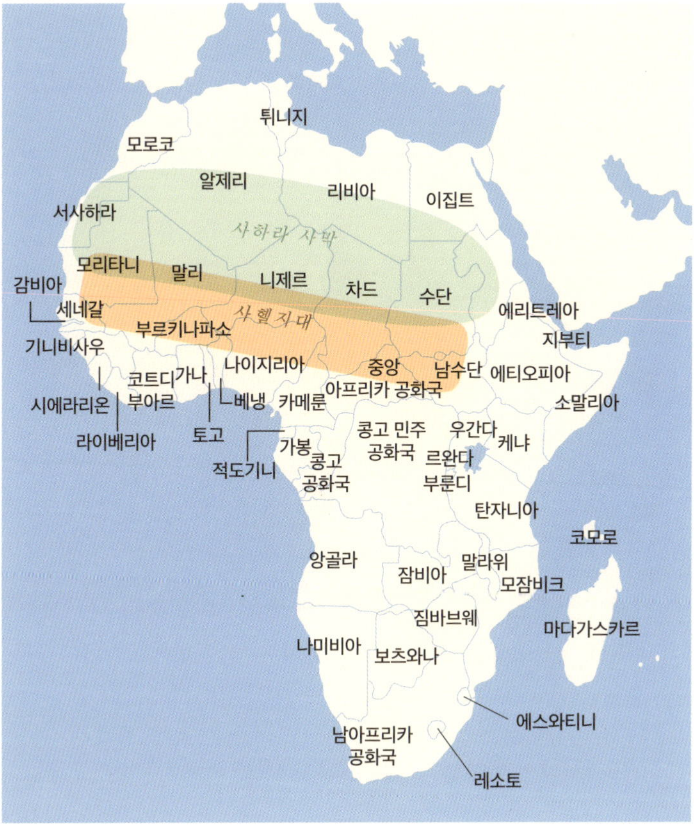

아프리카 대륙

역사 톡톡

## 유럽 열강의 아프리카 식민 지배

아프리카 지도의 국경선을 한번 볼래? 어때? 다른 대륙과 달리 자로 잰 것처럼 반듯하지? 그 이유는 아프리카의 역사를 보면 알 수 있어.

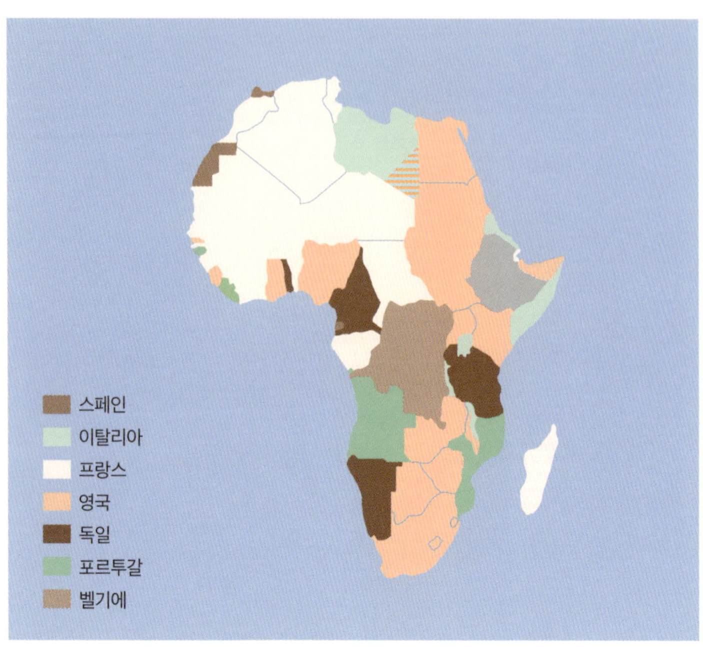



1차 세계대전 당시 유럽 열강의 아프리카 식민지

19세기 후반 유럽 열강은 아프리카 대륙을 서로 차지하려고 쟁탈전을 벌였어. 경쟁이 심해지자, 유럽 열강은 1884년부터 1885년까지 독일 베를린에 모여 회의를 열고(베를린회의), 아프리카 대륙에 국경선을 긋고 나누기로 했어. 하지만 정작 아프리카인들의 의견은 전혀 반영되지 않았어. 그 과정에서 서로 다른 언어를 쓰던 민족이 같은 나라로 묶이기도 하고, 같은 민족이지만 다른 국가의 국민으로 나뉘기도 했지. 2차 세계대전이 끝난 후 이 나라들은 독립했지만, 유럽 열강이 마음대로 그어 놓은 국경선 때문에 오늘날까지도 민족 사이의 갈등이 이어지고 있어.

## 아프리카 Z세대, 거리로 나오다!

결론부터 말하면 요즘 아프리카 Z세대는 무척 화가 나 있어. 케냐를 시작으로 나이지리아, 우간다, 가나의 Z세대가 거리로 나와 시위를 벌이고 있지. 케냐는 시위의 규모가 무척 컸는데, 경찰이 시위대를 막았음에도 불구하고 청년들은 국회의사당을 점거했어. 이 과정에서 경찰과 시위대 사이의 충돌이 있었고 경찰이 총을 쏴 14명이 사망하는 일까지 벌어졌지. 사람들의 분노가 얼마나 컸는지 느껴지지? 그렇다면 아프리카 Z세대는 왜 이렇게 화가 났을까?

먼저 시위가 시작된 케냐 이야기부터 해 볼게. 이번 시위의 시작은 정부의 법안 발표 때문이었어. 2024년 5월, 케냐 정부는 새로운 재정 법안(Finance Bill)을 발표했는데 주요 내용은 세금 인상이었지. 그동안 세금이 붙지 않았던 빵과 금융 서비스에 16%, 식용유에 25%의 소비세를 새롭게 부과한다는 내용이 포함된 거

야. 과자, 연료, 휴대전화, 통신 요금, 생리대, 기저귀에 붙는 세금
도 대폭 늘린다고 예고했지. 그러니까 총 27억 달러, 우리 돈으로
약 3조 7000억 원의 세금을 추가 인상한다고 했어. 이 법안을 본
케냐 사람들은 어땠을까? 국민이 매일 사용하는 기본 생활 물품,
특히 빵이나 식용유 같은 주요 식재료에 대한 세금을 크게 올리
는 내용이잖아. 당연히 많은 국민이 이 법안에 불만을 가졌어.

## 일하고 싶은 청년들,<br>그런데 일자리가 없다고요?

Z세대가 유독 화가 나서 거리로 나온 이유는 청년 **실업** 때문이
야. 케냐의 청년층(15~34세) 실업률은 무려 67%에 달하거든. 간
단히 설명하면 청년 10명 중 7명이 일을 하고 싶은데도 일자리를
구하지 못하고 있는 거지. 심각한 청년 실업률은 케냐뿐만 아니
라 대부분의 아프리카 국가들이 겪고 있는 문제야.

**실업**

실업은 단순히 일을 하지 않는 상태를 말하는 건 아냐. 실업은 일할
능력과 일할 의사가 있음에도 일자리를 갖지 못한 상태를 의미해. 우

리나라에서는 법적으로 일할 수 있는 나이인 15세 이상 인구 중에서, 일할 능력과 의사가 있는 인구를 '경제활동인구'로 분류해. 그중 일할 능력과 의사가 있는데 일자리가 있는 사람은 취업자, 일자리가 없는 사람은 실업자라고 해. 경제활동인구 중에서 실업자가 차지하는 비율을 실업률이라고 불러.

청년 실업은 어느 나라나 문제지만, 아프리카에서 더 문제인 이유는 **인구구조**에서 찾아볼 수 있어. 케냐를 포함한 아프리카는 젊은 대륙으로 불릴 정도로 전체 인구에서 30대 미만 인구의 비중이 높아. 인구의 70%에 해당하지. 실제로 **국가 평균 연령**(전체 인구 나이의 총합을 전체 인구수로 나눈 값) 통계를 보면 2024년 기준 케냐는 21세, 나이지리아는 19.3세, 우간다는 16.2세야. 참고로 한국은 45.5세이고 일본은 49세로 세계 1위야. 이렇게 인구 대다수를 차지하는 청년들의 실업률이 높다는 것은 아프리카 사회가 유지되고 발전하는 데에 큰 걸림돌이 될 수밖에 없지.

## 인구구조의 종류

국가의 세대별 인구 분포를 알고 싶으면 인구구조를 보면 돼. 인구구조는 특정 인구 집단의 연령별, 성별 인구가 어떻게 구성됐는지를 보여 주는데, 경제 수준과 지역에 따라 인구구조가 다르게 나타나.

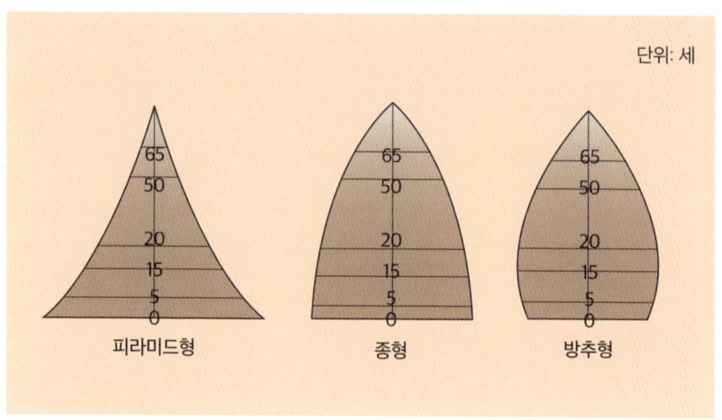



인구구조의 다양한 형태

대체로 선진국보다 개발도상국의 유소년층(0~15세) 인구 비율이 높아. 아프리카에는 개발도상국이 많아서 유소년층을 포함한 젊은 인구 비율이 높지. 이런 인구구조의 모양이 피라미드 같다고 해서 피라미드형 인구구조라고 부르기도 해. 반면 고령층(65세 이상) 인구 비율은 개발도상국보다 선진국에서 높게 나타나. 이런 인구구조의 모습은 마치 종 모양 같다고 해서 종형 인구구조라고 하지.

다시 케냐 이야기로 돌아와 볼게. 케냐 Z세대 입장에서는 이렇게 일자리가 없어서 경제적으로 어려움을 겪고 있는데, 정부가 청년 취업을 위한 정책을 펼치지는 못할망정 내가 매일 먹고 쓰는 물품들에 부과되는 세금을 올린다? 당연히 화가 날 수밖에 없지! 그래서 Z세대가 거리로 뛰쳐나온 거야.

케냐 청년들은 시위를 조직하고 운영하는 것도 'Gen Z답게' 했어. 일단 시위의 순수성을 강조하기 위해 정치인들과 거리를 두었고 특정 지도자를 뽑지도 않았어. 그저 시위에 동참하고자 하는 청년들이 개인적이고 자발적으로 시위를 만들어 갔어. Z세대는 스마트폰과 SNS를 능숙하게 사용하니까 소셜 미디어에서 '#RejectFinanceBill2024(2024년 재정 법안을 반대한다)'라는 해시태그를 공유해서 법안의 부당함을 알렸어. 그리고 AI 기술을 이용해 이미지·노래·영상을 만들어서 시위 참여를 이끌었지. 이렇게 노력한 결과 6월 25일, 전국 35개 주에서 수천 명이 수도 나이로비에 모였고, 항의의 표시로 국회의사당을 점거하고 5주간 시위를 이어간 거야.


## 시위를 진압하면
## 끝날 줄 알았는데!

시위에 대한 케냐 정부의 반응은 어땠을까? 정부는 놀랄 수밖에 없었어. 그동안 케냐를 비롯한 대부분의 아프리카 국가는 주로 '민족 갈등'에 의해 갈라지고 싸우곤 했는데, 이번에는 거의 최초로 '계층 갈등' 성격의 운동이 나타난 거야. 원래 케냐의 Z세대는 현 정부를 지지했었거든. 그런데 정부의 정책이 자신들이 원하는 것과 맞지 않다고 판단하니까 바로 시위에 나선 거야. 케냐 청년들은 이전 세대에 비해 높은 수준의 교육을 받았고 정보의 발달로 더 넓은 세계를 접하게 됐어. 그러면서 자신들이 사는 사회를 객관적으로 바라보기 시작했지. 이런 Z세대가 새로운 형태의 움직임을 만들어 냈으니 정부는 놀랄 수밖에 없었을 거야.

사실 초반에 케냐 정부는 시위를 강력하게 진압하면 금방 누그러질 줄 알았어. 그런데 웬걸. 강한 진압 과정에서 시위 참가자가 사망하는 사건이 벌어지자 더 많은 사람이 거리로 나온 거야. 이전 어느 세대보다도 교육을 많이 받았지만, 취업 기회는 없고 세금과 생활비까지 오른 것에 불만을 가진 청년들의 분노가 심상치 않았던 거지.

뒤늦게 현실을 인정한 정부는 재정 법안을 철회하고, 모든 장관을 해임하는 방식으로 청년들을 달래려고 했어. 윌리엄 루토 케냐 대통령은 법안 철회 기자 회견에서 "국민의 목소리를 경청하겠다"라며 시위에 참여한 Z세대와 더 대화하겠다고 약속했어. 그리고 "국민이 원하는 것은 세금 인상이 아닌 지출 감축으로, 당장 대통령실부터 앞장서겠다"라고 말했지.

자, 그러면 이쯤에서 청년들의 화가 풀렸을까? 질문에서 예상 했겠지만, 정답은 "아니요." 시위는 이제 법안 거부가 아니라, 대 통령 사임을 요구하는 방향으로 흘러가기 시작했어. 정부가 너무 무능하다는 거야. 청년 일자리를 만들고 경제 발전을 위해 노력 해야 하는데 그러지 못한다는 거지. Z세대가 이렇게 생각한 이유 는 무엇이었을까?

# 아프리카 청년들이 꿈꾸는 '행복한 삶'이란?

# 경제협력,
# 과연 좋기만 할까?

케냐 Z세대의 분노를 이해하려면 아프리카의 경제 상황을 먼저 이해해야 해. 재정 법안이 만들어진 데에는 사실 그럴 수밖에 없는 사정이 있었거든. 케냐 정부는 빚이 엄청 많았어. 정부가 외부에서 돈을 많이 빌리면서 갚아야 할 이자가 1년 정부 수입 중 무려 60%에 달하게 됐어. 국민을 위해 건강이나 교육 같은 공공 서비스에 써야 할 비용이 줄고, 정부 수입이 이자로 빠져나가는 상황이 된 거야. 공공 서비스의 질이 떨어지니 당연히 국민 삶의 만족도 역시 떨어지겠지. 게다가 코로나19 이후 세계적인 금리 인상으로 갚아야 할 이자가 점점 불어났어. 그러니까 케냐 정부는

'안 되겠다, 빌린 돈을 갚아서 이자를 줄여야겠다' 하면서 세금을 더 걷어 돈을 마련하려고 한 거야.

그런데 케냐 정부는 어디서 이렇게 돈을 빌렸을까? 바로 중국이야. 아프리카 이야기를 하고 있는데 갑자기 웬 중국인가 싶지? 중국은 2000년대 초반부터 **일대일로**一帶一路 정책을 선언하며 아프리카와 경제협력을 해 왔어. 일대일로 정책이란, 간단히 말하면 중국이 아시아, 유럽, 아프리카의 저개발 지역에 금융 지원도 하고 기반 시설 공사도 지원하면서 각종 공공사업을 실행할 수 있도록 돕겠다는 정책이야. 그러면 아시아, 아프리카 등의 저개발 지역은 중국의 자본과 기술의 혜택을 받아 경제 개발을 이룰 수 있지. 중국은 아프리카라는 수출 시장과 풍부한 원재료(광물)도 확보할 수 있으니 일종의 경제적 윈윈win-win 전략이 되는 거지.

경제 개발을 위해 돈이 필요했던 아프리카 국가들은 중국이 내미는 손을 잡았어. 2013년부터는 본격적으로 중국과 아프리카의 경제협력이 강화됐지. 그 과정에서 케냐 역시 중국에 빚을 진 거야. 물론 중국의 자본으로 아프리카의 많은 국가는 통신망, 교량, 항만, 고속도로 등 사회 기반 시설을 만들고 공공사업을 늘렸어. 경제 원조를 통한 긍정적인 경제 효과가 분명히 있었지.

하지만 케냐의 경우에서 알 수 있듯이 부작용도 많았어. 빌린

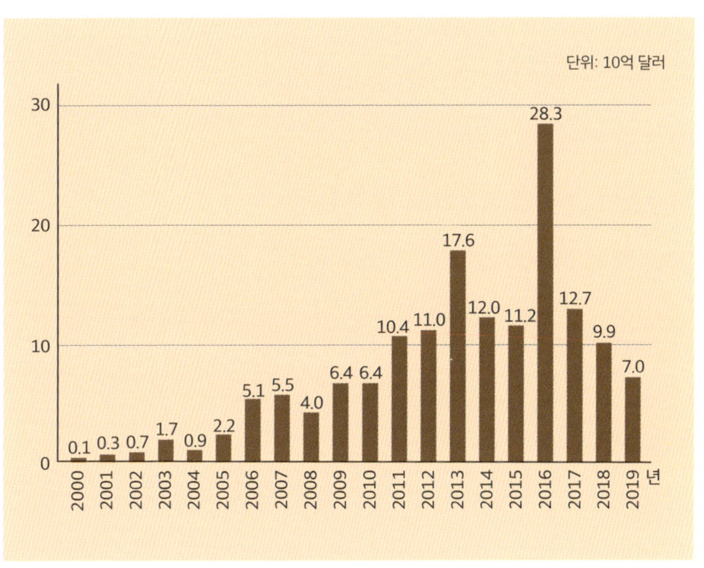


중국이 아프리카에 빌려준 대출 액수(2000~2019년)

돈을 자국에 투자했으면 경제 성장이 이뤄져야 하는데, 케냐의 청년 실업률을 보면 중국의 자본을 가져온 게 청년 일자리 창출에 기여하지 못한 것 같아. 다른 아프리카 국가들의 상황도 비슷해. 국내 일자리는 만들어지지 않은 채 재정을 유지하기 위한 빚만 점점 늘어나고, 이자를 갚느라 정부 재정은 점점 나빠지는 상황이야.

# 도둑정치가 훔쳐 간
## '행복한 삶'

아프리카 정치 문화도 경제를 악화시키는 요인 중 하나야. 한 국가의 경제 체제가 공정하고 효율적으로 운영되기 위해서는, 독립적인 사법 시스템과 투명한 정치 제도가 뒷받침돼야 해. 그런데 아프리카의 정치 문화를 표현하는 대표적인 단어 중 하나가 **도둑정치**(Kleptocracy)야.

도둑정치는 사법 시스템이나 시민 사회 기능이 제대로 돌아가지 않아서, 정부가 부정부패를 제도화해 부와 권력을 독점하는 정치 문화와 체제를 뜻해. 실제로 아프리카 지도자들의 장기 집권은 흔하게 일어나고 있어. 오랫동안 정권을 잡고 있다 보니 지도자들의 평균 연령도 무척 높아. 아프리카 대륙 인구의 평균 연령은 10대 중후반에서 20대 초반인데, 이들을 대표하는 지도자들은 7~80대가 대부분이야.

물이 오래 고여 있으면 썩듯이, 많은 아프리카 국가의 지도자들은 자신의 이익만을 추구하는 모습을 보이고 있어. 케냐만 보더라도 고위 공무원들을 위한 교통과 오락비 등 낭비가 많아. 재정 정책과 관련한 규칙이 있더라도 제대로 운영되지 않는 거지. 결국 빚을 늘려 가는 상태가 돼 버린 거야. 이런 현실을 바라보는 청년들은 분통이 터질 수밖에 없었어. 그래서 케냐의 청년들이 거리로 나와 외친 거야. 이제 도둑정치에서 벗어나자고. 경제적 안정과 정치 개혁을 통해 **행복한 삶**을 살아 보자고.

## 행복한 삶

고대 그리스 철학자 아리스토텔레스는 인간의 존재 목적이 '행복'이라고 했어. 그렇다면 행복한 삶을 위한 사회적 조건은 어떤 것들이 있을까?

우선 내가 거주하는 환경이 안락해야 해. 안전하고 안락한 주거 환경과 위생 시설, 교육과 의료 혜택이 갖춰져야 하지. 다음으로는 경제적으로 안정돼야 해. 살아가는 데 꼭 **필요한 소비**뿐 아니라 행복을 주는 여가 생활도 안정적으로 할 수 있어야 하지. 따라서 국가는 고용이 안정되고 최저 임금이 보장될 수 있도록 힘써야 해. 그리고 사고, 질병, 실직 등 갑작스러운 경제적 위기 상황에 대비할 수 있도록 복지 제도도 마련해야 하는 거야.

마지막으로는 우리가 사는 사회의 운영 원리가 민주적이어야 해. 주권자인 국민이 권리와 의무를 다하고, 공동체의 결정에 의견을 내고 참여할 수 있도록 국가는 제도를 마련하는 데 힘쓰고 국민은 적극적으로 참여해야 해. 이런 과정을 통해 국민은 자유와 권리를 누리며 행복하게 살아갈 수 있어.

# 국경을 넘어 퍼져 나가는 Z세대의 목소리

케냐에서 시작된 Z세대의 외침은 소셜 미디어를 타고 아프리카 주변 국가들로 널리 퍼졌어. 실제로 케냐 청년들이 시위를 통해 정부의 증세 정책을 철회하게 했다는 것이, 비슷한 정치 환경에서 비슷한 경제적 어려움을 겪고 있는 주변 나라 Z세대의 마음을 움직였어. 그래서 청년 실업 해결과 정치 제도의 개선을 외치는 시위가 다른 나라로 확산했지. 특히 사하라 이남 지역인 나이지리아, 우간다, 가나에서 주로 나타났어.

그중 아프리카 최대 인구 대국(인구 2억 1850만 명) 나이지리아 Z세대의 시위를 살펴볼까? 나이지리아 Z세대는 2020년에 이미 정부를 상대로 목소리를 낸 적이 있어. 나이지리아의 악명 높은 경찰특수강도수사대(SARS)의 해체를 요구하는 #EndSARS(SARS를 끝장내라) 시위를 벌였지. SARS는 일종의 특수 경찰 부대 조직인데, 이들은 공권력을 바탕으로 무고한 젊은이를 반역자로 몰아 고문하거나 죽이는 등 온갖 인권 유린을 해 왔어. 그래서 나이지리아 Z세대는 SARS 해체를 요구하기 위해 거리로 나왔던 거야.

청년들이 #EndSARS 시위를 하자 SARS는 형식적으로 해체를 했어. 하지만 이건 정부의 임시 방편에 불과했지. 국가 폭력을 완

니이지리아 Z세대가 경찰특수강도수사대의 해체를 요구하는 시위를 벌이고 있다.

전히 끝내려면 앞으로 해결해야 할 것들이 많아. 그래도 이 시위를 통해 민주주의와 인권이라는 보편적 가치를 향해 목소리를 냈던 기억과 경험을 가질 수 있었지.

그러다 케냐 시위가 벌어졌다는 소식을 들은 거야. 나이지리아 청년들은 케냐 청년들이 증세 법안 반대 시위를 해서 결국 정책을 철회로 이끌었다는 사실에 힘을 얻었어. 그때 나이지리아 경제 상황도 케냐 못지않게 나빴는데, 물가 상승률은 34%, 쌀 가격은 6개월 만에 3배가 됐고 콩과 옥수수 가격은 1년 전과 비교

해 5배나 오른 상황이었어. 그래서 나이지리아의 수십만 청년들은 '나쁜 정부 종식(#EndBadGovernance)'이라는 슬로건을 가지고 거리로 쏟아져 나왔지. "우리는 배고프다"라는 외침도 함께였어.

현재 나이지리아 Z세대의 시위는 잠시 멈췄지만 아프리카 Z세대가 주도하는 사회 변화의 움직임은 지도자들에게 큰 경고가 될 거야.

## Z세대가 세상을 구할지도 몰라!

아프리카는 역사적으로 '착취당하는 대륙' '수동적인 대륙'이라는 편견에 둘러싸여 있었어. 하지만 Z세대의 최근 움직임을 들여다보면 이들이 적극적으로 경제 안정, 민주주의 발전과 같은 행복의 조건에 대해 고민하고 있다는 걸 알 수 있어. 청년들이 일으키는 새로운 움직임이 앞으로 아프리카 대륙에 어떤 변화를 만들어 낼지, 전 세계가 관심을 가지고 지켜보고 있어.

지금까지 아프리카 Z세대가 행복한 삶을 위해 어떤 실천을 하는지 살펴봤는데, 너희들은 어때? 우리도 우리가 사는 세계를 더 행복하게 만들기 위한 조건을 고민해 봐야 하지 않을까?

Z세대는 정치적·사회적 혁신을 일으킬 수 있는 잠재력이 있

는 세대야. 아프리카뿐 아니라 모든 대륙의 Z세대가 지금 우리가 사는 이 세계를 더욱 멋지고 행복하게 이끌어 나가길 바라며 이 글을 마칠게.



- 우리나라 Z세대가 생각하는 '이 시대의 행복의 조건'을 주제로 설문조사(또는 인터뷰)하고 워드 클라우드(단어의 등장 횟수나 중요도에 따라 크기를 다르게 표현한 단어 시각 자료) 형태로 공유하기.

- 국제연합이 매년 발간하는 세계 행복 보고서를 참고해 내가 생각하는 행복의 조건과 행복의 정의를 표현한 인포그래픽 만들기.

세계 행복 보고서

- 행복한 삶을 실현하기 위한 네 가지 조건(질 높은 정주 환경, 경제적 안정, 민주주의의 발전, 도덕적 실천)을 기준으로 "내가 살고 싶은 도시" 설계하고 발표하기.

- 중국-아프리카의 경제협력(무역, 금융, 공적개발원조)을 조사해 보고 중국과 아프리카의 협력적 관계가 신냉전 시대의 국제 정세에 미치는 영향을 분석해 뉴스레터 쓰기.

# 메가 파이어,

#PrayForAustralia

나비 효과(butterfly effect)라는 말을 들어 봤니?
사소한 변화가 전체에 큰 영향을 미칠 수 있다는 뜻이야.
환경 문제가 꼭 그렇지. 몇 년 전 호주에서 일어난
산불도 이런 관점에서 들여다볼 수 있어.

환경운동의
불씨로!

# 호주 산불은 왜 꺼지지 않았을까?

#기후변화

#쌍극화현상

#인류세

#파리기후협정

# 호주의 엄청난 산불, 메가 파이어

2019년 9월에 발생한 호주의 산불은 2020년 5월까지 계속됐어. 6개월 이상 불타올랐을 뿐만 아니라 규모도 점점 커졌지. 이렇게 거대한 불이 그토록 오랫동안 꺼지지 않았다니, 상상만 해도 끔찍하지 않니? 전문가들은 이 산불이 강도, 크기, 기간, 규모 등 모든 면에서 비정상적이라며 '메가 파이어mega fire'라고 불렀어.

**호주 산불 발생 지역**

호주는 본래 높은 기온, 낮은 습도, 강한 바람 등의 기후 조건을 가지고 있는데, 이건 산불이 일어날 위험을 높이는 주요한 요인 중 하나야. 2019년은 기록적인 고온과 강수량 부족으로 이 조건이 극도로

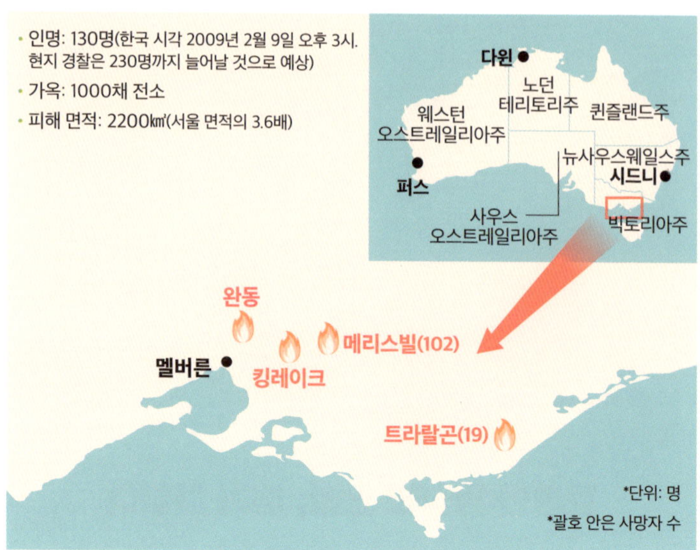



호주 동남부의 산불 발생 및 피해 지역

악화된 해였고, 대형 산불로 국토 대부분이 큰 피해를 입었어. 특히 동남부 지역인 뉴사우스웨일스주와 빅토리아주 일대에 산불이 집중 됐지. 지도에 표시된 것처럼, 시드니와 멜버른 근처까지 불이 확산됐 고 주요 도시 주변 지역도 안전하지 않았어. 퀸즐랜드주, 사우스오스 트레일리아주, 웨스턴오스트레일리아주 일부까지도 산불 피해를 입 었을 정도야.

호주 산불로 인해 한반도 면적에 맞먹는 땅이 불에 타 버렸고,

2019년 12월 30일 빅토리아주 소방청 소방관이 멜버른 외곽 클로브몬트 웨이에서 발생한 화재 현장에 출동한 모습

약 2800채의 집을 포함해 5900개의 건물이 파괴됐어. 이뿐만 아니라 코알라, 캥거루 같은 포유류를 포함해 조류, 파충류 등 약 12억 마리 이상의 동물이 목숨을 잃었지. 특히, 코알라는 이번 산불로 멸종 위기에 처했어. 산불 때문에 서식지의 80%가 파괴됐고, 걸음이 느린 코알라들이 불을 피하지 못해 8000마리 이상 죽게 됐거든.

동식물이 목숨을 잃은 것도 참 가혹하지만, 이번 산불로 생물다양성이 파괴되어 생태계가 위태로워지는 것도 주목해 볼 점이야. 사실 호주는 수백만 년 이상 인간의 큰 개입 없이 동물의 진화가 이뤄진 곳이거든. 호주는 약 244종의 포유류가 호주에서만 서식하는 독특한 생태 환경을 가지고 있대. 호주의 숲에서는 수백만 개체와 수백 종의 생물들이 서로 의지해 살아가고 있어. 생태학자 마누 손더스는 이들이 모두 보이지 않는 연결고리로 연결돼 있다고 이야기했어. 그래서 한 종을 잃으면 다른 종도 잃게 된다며 생태 보존의 중요성을 강조했지.

원래 호주에서는 산불 '시즌'이라는 게 있을 정도로 산불이 자주 일어나. 건조한 기후 때문에 산불 시즌은 일반적으로 8월에 시작되지. 그런데 몇 년 전부터 토양 수분 부족, 극심한 가뭄 등으로 산불이 조금 일찍 시작될 거라는 과학 전문가들과 토지 관리 기관의 우려와 예측이 있었어.

## 기후변화를 막기 위한 약속, 지켜지고 있을까?

전문가들은 이번 호주 산불의 원인으로 **기후변화**를 꼽았어. **인도양 쌍극화 현상**이 강하게 나타나 매년 더 덥고 건조해지면서 산불에 영향을 미쳤다는 거야. 최근 지구온난화 등으로 쌍극화 현

대형 산불은 순식간에 생태계를 파괴한다.

상이 더 심해져 산불의 규모가 과거에 비해 더 심해진 거래. 우리가 **인류세**를 살아가고 있다는 게 실감이 나지?

## 기후변화

자연적 요인과 인위적 요인의 영향을 받아 기후 환경이 변화하는 현상을 기후변화라고 해. 기후는 끊임없이 바뀌지. 화산 활동에 따른 화산재 분출, 태양 활동의 변화, 태양과 지구의 상대적 위치 변화 등 자연적 요인으로 변화하기도 하고, 석탄·석유·천연가스와 같은 화석 연료 사용에 따른 온실가스 배출, 도시화, 무분별한 토지 및 삼림 개발 등 인위적 요인으로 변화하기도 해. 과거의 기후변화는 자연적 요인의 영향을 많이 받았다면, 최근의 기후변화는 인위적 요인에 의한 영향이 더 커. 대기 중으로 배출되는 온실가스의 양이 늘었기 때문이야. 대기 중에 온실가스의 양이 많아지면 지구의 평균 기온이 높아지는 지구온난화 현상이 일어나게 되거든.

## 인도양 쌍극화 현상

아프리카 대륙과 호주 대륙은 인도양을 사이에 두고 있어. 인도양 서부가 동부보다 따뜻하면 아프리카 일대에는 폭우가 내리고 호주 등 오세아니아 일대는 폭염과 가뭄이 지속되는 현상이 바로 쌍극화 현상(Indian Ocean Dipole)이야.

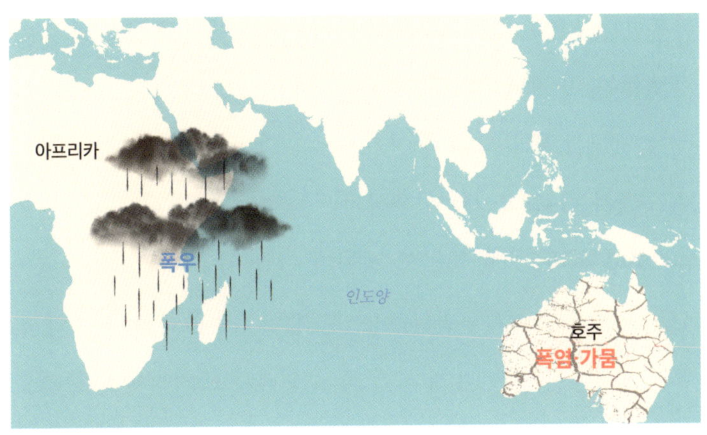


인도양 쌍극화 현상

### 인류세

지구의 시대는 빙하기나 공룡 시대처럼 자연이 크게 바뀔 때마다 나뉘어. 그런데 지금은 사람의 활동이 너무 커져서, 사람이 지구 환경 자체를 바꿔 버리고 있지. 그래서 과학자들은 인류가 지질이나 생태계에 미친 영향을 고려해 이 시기를 인류세(Anthropocene)라고 불러. 인류세의 시기를 언제부터 설정할 것인지에 대해서는 의견이 다양한데, 일반적으로는 산업혁명 이후 인간 활동이 지구 환경이나 지구 역사에 영향을 주기 시작했다고 보고 있어.

호주의 모리슨 총리는 호주 ABC TV와의 인터뷰에서 산불과

기후변화의 연관성을 처음으로 인정하기도 했어.

호주는 전 세계 석탄 수출량의 3분의 1을 차지하고 있는 나라야. 세계 1위의 석탄, 천연가스 수출국이지. 그래서인지 호주가 수출하는 화석 연료의 온실가스 배출량도 전 세계 배출량의 약 7%나 된다고 해. 독일의 비영리 민간 연구단체인 저먼워치 German Watch의 '기후변화대응지수(CCPI)'에 따르면, 호주의 기후변화 대응 수준은 61개 국가 중 56위로 최하위권에 속할 정도래. '2020 기후변화대응지수' 결과에서는 호주가 전체 58개 국가 중 53위를 기록했어! 이 지수는 순위가 낮을수록 기후변화 대응력이 낮다는 의미거든. 우리나라는 겨우 55위 수준이라는데, 한국 사회도 호주에 벌어진 기후 위기를 심각하게 받아들여야 하겠지?

이런 상황에서도 **호주는 그동안 기후변화에 대한 책임을 회피한다**는 지적을 받아 왔어. 호주 정부는 2030년까지 온실가스 배출량을 2005년 수준보다 26~28% 줄이겠다고 했지만, 전문가들은 이 수치가 **파리기후협정**에서 협의한 목표에 충분하지 않다고 주장하고 있어. 이번 산불 발생 이후, 호주의 석탄 산업이 기후변화를 앞당기고 있으니 석탄 의존도를 낮춰야 한다는 국제 사회의 목소리가 커지고 있지.

스콧 모리슨 호주 총리

## 파리기후협정

파리기후협정은 2015년 프랑스 파리에서 개최된 '제21차 국제 연합 기후변화 협약 당사국 총회'에서 196개국이 채택한 협정이야. 1992년에 시작된 이 총회는 기후변화 협약이 이행되는지 정기적으로 검토하고, 협약이 이행되는 데 필요한 제도적·행정적 결정을 하기 위한 최고 의사 결정 기구지.

파리기후협정이 체결된 제21차 총회에서는 2021년부터 새롭게 적용할 새로운 기후 체제에 관한 협상을 타결했어. 세계 최초의 기후변화 국제 협약인 교토의정서를 대신해 새로운 기후 체제 합의문을 채택했다는 점에서 의의가 있지.

이 협정은 종료 시점이 없어. 지구 평균 온도가 산업화 이전에 비해 2도 이상 상승하지 않도록 하고, 최종적으로는 모든 국가들이 이산화탄소 순 배출량 0이 되도록 실천하자는 협약이거든. 우리나라도 이 협정에 참여했어. 2015년 6월 30일, 정부는 2030년까지 온실가스 배출량 37%를 감축하겠다고 결정했었지.

# 산불,
# 꼬리의 꼬리를
# 묻다고?

#환경운동

#한국기후위기

#경북의성산불

#생태시민

# 악순환의 반복

더 심각한 문제는 기상 이변으로 생긴 재난이 연쇄 작용을 일으키킨다는 점이야. 호주 산불로 이산화탄소가 발생하고 온실가스가 배출되면 지구온난화가 더욱 가속화되거든.

산불의 규모가 커지면 엄청난 양의 이산화탄소와 유해 물질을 대기로 배출해. 그게 어느 정도냐면 호주 산불로 인해 시드니의 공기는 매일 담배 37개비를 피우는 것과 맞먹을 정도로 나빠졌대. 너무 끔찍하지 않니? 과학계에서는 이번 산불로 지금까지 최소 4억 톤가량의 이산화탄소가 배출됐다고 분

우주에서 촬영한 호주 대형 산불 타임랩스(천리안위성 2A호), 한국항공우주연구원 KARI TV, 2020

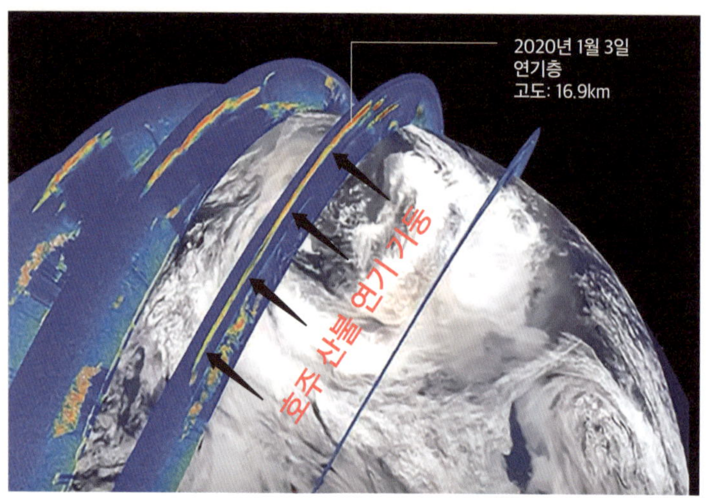


나사에서 공개한 호주 산불 위성 사진

석하고 있어. 이 수치는 2019년 한 해 전 세계 탄소 배출량의 1%에 해당하는 엄청난 양이지. 1%라면 많지 않게 느껴지지? 그런데 '전 세계 탄소 배출량'의 1%면 정말 어마어마한 수치야! 나사(NASA, 미국항공우주국)에서 공개한 영상을 보면, 호주 남동부 해안에서의 연기 기둥이 태평양까지 뻗어 있는 게 보일 정도야.

나사는 호주 산불이 단순히 한 지역을 황폐화하는 것에 그치지 않는다고 경고했어. 역사상 유례없는 건조함과 타는 듯한 더위가 합쳐져 유달리 많은 양의 '산불 적란운'이 만들어졌거든. 산불 적란운은 화재를 일으키는 일종의 뇌우인데, 과열된 상승기류를 통해 하늘로 올라간 재와 연기, 연소 물질 등을 통해 만들어져. 비는 뿌리지 않으면서 번개를 일으켜 다시 산불을 발생시키는 역할을 해. 게다가 산불로 인한 연기를 약 17km 이상 고도인 성층권까지 도달시킬 수 있는 경로가 되지. 연기가 성층권에 진입하면 첫 발생지에서 수천 킬로미터를 이동해 전 세계 기상에 악영향을 미친다는 점에서 큰 문제인 거야.

실제로 산불 때문에 호주 하늘이 오렌지색으로 변하면서 가까운 뉴질랜드에도 직접적인 영향을 미치고 있어. 이 연기는 이미 지구 반 바퀴를 돌았고 심지어는 남미 대륙까지 횡단했다고 해. 나사에서는 이번 산불 연기가 최소한 지구 한 바퀴를 순환하고 호주 상공에 다시 돌아올 거라고 예측했어.

과학자와 기후학자들은 2019년 미국 캘리포니아 그리고 시베리아의 산불, 푸에르토리코를 집어삼켰던 태풍도 모두 지구의 온도 상승과 밀접한 관계가 있다고 강조했어. 게다가 호주 산불에서 생긴 미세먼지와 온실가스 등으로 기후변화가 더 빨라질 수 있다고 경고했지. 결국 호주 산불은 기후변화의 직접적인 결과이기도 하고, 그 자체로도 환경 문제를 악화시키는 원인이 되기도 하는 거야. 전 세계적인 환경 문제의 복잡성을 보여 준다고 할 수 있지.

# 호주 산불, 환경운동의 불씨가 되다

전 세계 사람들은 대형 산불이 일어난 호주와 그곳의 피해자들을 위해 기도하고 지지를 표명하는 #PrayForAustralia(호주를 위해 기도해 주세요) 해시태그 운동을 활발하게 벌였어. 온라인에서 진행된 이 운동은 트위터, 인스타그램 등 다양한 소셜 미디어에서 확산됐고, 기후변화와 환경 문제의 심각성을 깨닫게 하는 데 영향을 줬어. 동시에 피해 지역 복구를 위한 모금 운동이나 자원봉사 활동을 홍보하는 데도 활용됐지.

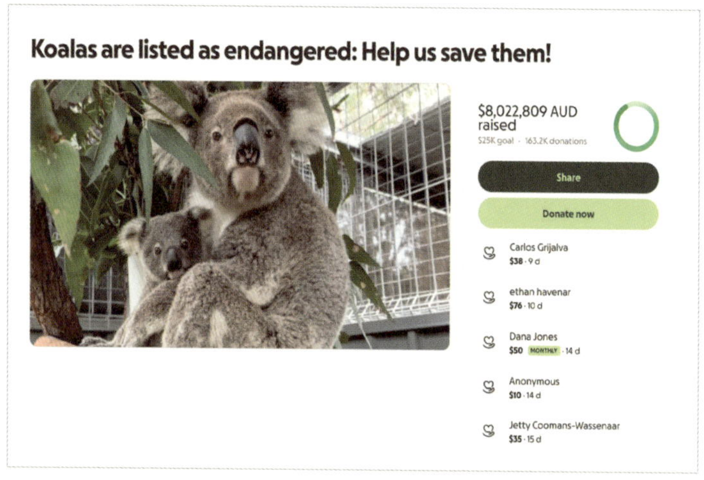


호주 산불로 멸종 위기에 처한 코알라를 위한 기부 사이트

기후변화의 심각성을 알리기 위해 거리로 나온 사람들. "우리는 기후 정의를 요구한다" "지금 당장 기후 위기를 멈춰라"라고 쓰인 피켓을 들고 있다.

이 운동은 단순히 기도나 위로를 보내는 것을 넘어서, 기후변화를 국제적으로 논의하게 만들었어. 또한 지속 가능한 환경 보호의 필요성을 강조하는 중요한 계기가 되기도 했어. 전 세계 사람들은 산불의 파괴력을 목격한 후 기후변화에 대응해야 한다는 걸 깨달았지. 호주 내에서도 환경 보호와 지속 가능한 발전을 위한 다양한 의견들이 나왔어.

한국에서도 기후변화의 심각성을 알리기 위해 촛불집회가 열렸어. 환경운동연합과 녹색연합 등 300여 개 단체로 구성된 기후위기비상행동은 주한 호주대사관 앞에서 집회를 열었지. "호주 산불은 인류에게 보내는 경고"라며 적극적인 기후변화 대응책을 요청했어. 전 세계인이 환경을 위해 **생태 시민**으로 똘똘 뭉치게 된 거야!

### 생태 시민

생태 시민이란, 전 지구적 기후 위기 상황에 대한 민감성과 책임을 갖고, 생태 환경의 문제 해결을 위해 노력하는 시민을 뜻하는 말이야.

# 기후 위기는 우리의 일

2025년 봄, 경북 의성에서 발생한 산불은 단 하루 만에 서울시 면적의 30%나 되는 수천 헥타르의 산림을 태우며 지역 생태계와 사람들의 삶을 위협했어. 강풍과 고온, 건조한 날씨 속에서 불씨 하나는 통제할 수 없는 재난이 돼 버렸지.

　우리는 종종 호주, 아마존, 캘리포니아의 산불을 먼 나라의 일처럼 바라보기도 했어. 하지만 이렇게 거대한 산불이 우리의 현실이라는 걸, 의성의 잿더미가 보여 준 것 같아. 기후 위기는 더

한국에서도 기후 위기 관련 시위가 활발하게 일어나고 있다.

경북 의성에서 일어난 산불이 민가를 덮치며 주변 지역으로 번지고 있다.

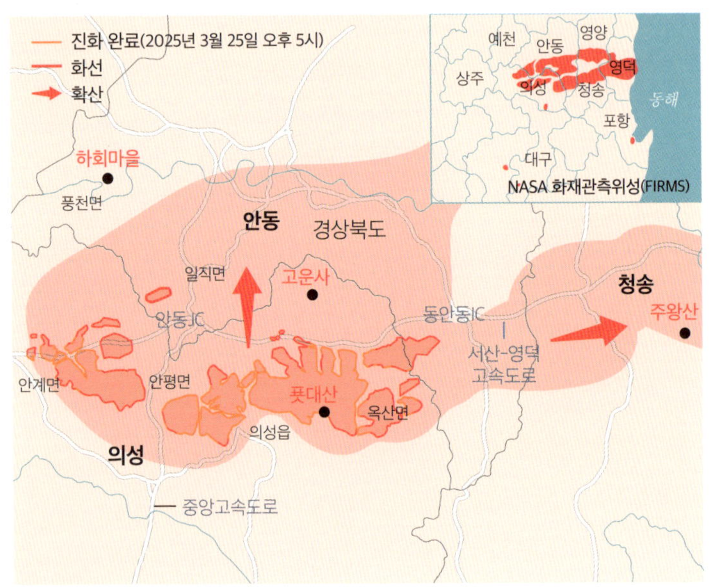


**경북 의성 산불 현황**

이상 남의 나라 이야기가 아니야.

쓰레기를 덜 만들고, 에너지를 아끼고, 무심코 버리는 습관을 멈추는 것. 그 모든 작은 실천들이 모여 다음 산불을 막는 힘이 될 수 있어. 이젠 우리가 바꿔야 해. 이번 의성 산불을 잊지 말고 기억하자. 기후 위기는 우리의 일이라는 것을.

- 세계자연기금 홈페이지를 둘러보고 인상적인 부분을 서로 공유하며 환경을 위한 캠페인 서명에 참여해 보기.

세계자연기금
홈페이지

- 일상생활 속에서 실천이 가능한 교실 내 환경 규칙을 만들어 학급 게시판에 게시하고 실천해 보기(예: 개인 물병 사용, 냉난방 중에 창문 닫기, 급식 먹을 만큼 받기 등).

- 통계지리정보서비스(SGIS) 또는 디지털트윈국토(V-World)에서 '자연/생태/환경' 관련 주제의 지도를 살펴보고, 우리 지역의 생태 환경을 조사한 후 파워포인트, 미리캔버스, 망고보드, 캔바 등 디지털 디자인 도구를 활용해 생태지도를 제작하고 함께 공유하기.

통계지리
정보서비스

디지털트윈국도

미리캔버스

망고보드

캔바

# 초대받지 못한

## #RefugeesWelcome

소탐대실 小貪大失이라는 말이 있어.
작은 것을 탐내다가 큰 것을 잃는다는 뜻이지.
난민 문제도 누구 하나 손해 보지 않으려다가, 결국
인권이라는 중대하고 보편적인 권리를 놓치게 될 수
있다는 걸 보여 주는 상징적인 문제야.
전 세계적인 난민 문제가 어떤 다양한 문제들과
엮여 있는지 같이 살펴보지 않을래?

손님

# 나라를 잃은 난민, 어디로 가야 할까?

#난민

#기후난민

#아일란쿠르디

#자문화중심주의

# 난민은 왜 '문제'가 되었을까?

2024년 말, 시리아 반군이 수도 나마스구스를 징악하면서 이사드 정권(아버지 하페즈 알 아사드가 1971년에 대통령이 된 후, 아들 바샤르 알 아사드가 뒤를 이은 오랜 독재 정권)이 무너졌어. 하지만 시리아 내전은 여전히 끝나지 않았지. 나라의 정세가 불안해지자 살기 어려워진 사람들이 시리아를 다시 떠나기 시작했어. 지금도 이렇게 자국을 떠나 유럽으로 향하는 난민의 이동은 계속되고 있지.

## 난민

난민(Refugee)은 주로 정치적, 인종적, 종교적 박해 또는 전쟁, 내전, 기후 재난 등의 이유로 자국에서 안전하게 살기 어려워 다른 나라로 피신한 사람들을 말해. 대표적인 난민의 사례로는, 불교 중심의 미얀마 군부에게 탄압받고 폭력을 당해 방글라데시로 탈출한 이슬람계 소수민족 로힝야족이 있어. 해수면 상승으로 국토 대부분이 잠길 위기에 놓여 뉴질랜드나 호주 등지로 이주하는 남태평양의 투발루 국민들도 난민의 사례라고 볼 수 있지. 제네바 난민협약(1951)에서는 난민을 '인종, 종교, 국적, 특정 사회 집단 소속 또는 정치적 의견을 이유로 박해받을 우려가 있어 자국에 돌아갈 수 없는 사람'으로 규정하고 있지. 이 정의에 따르면 난민은 단순히 경제적 이유로 이주한 이민자나 관광객과는 다르다는 점을 알 수 있어.

난민이 이동하는 범위와 규모가 커지면서 사건·사고도 함께 늘게 됐어. 그러자 난민을 받아들이고 있던 국가들은 고민에 빠졌지. 난민과 관련한 문제점이 크게 늘다 보니 나라의 정체성이 흔들릴 수도 있겠다는 위기감이 생긴 거야. 단순히 어려운 사람들을 돕는다는 마음으로 받아들일 수준이 아니었던 거지.

유럽과 캐나다, 미국, 아랍에미리트, 러시아 등 여러 국가에서는 난민에 대한 부정적인 인식이 커졌고 그들을 거부하는 일이 벌어졌어. 그래서 난민 신청이 제대로 받아들여지지 않거나, 난민으로 인정받더라도 사회 적응을 위한 실질적인 지원은 매우 부족해졌지. 이처럼 많은 국가들이 난민 문제에 대해 소극적이고도

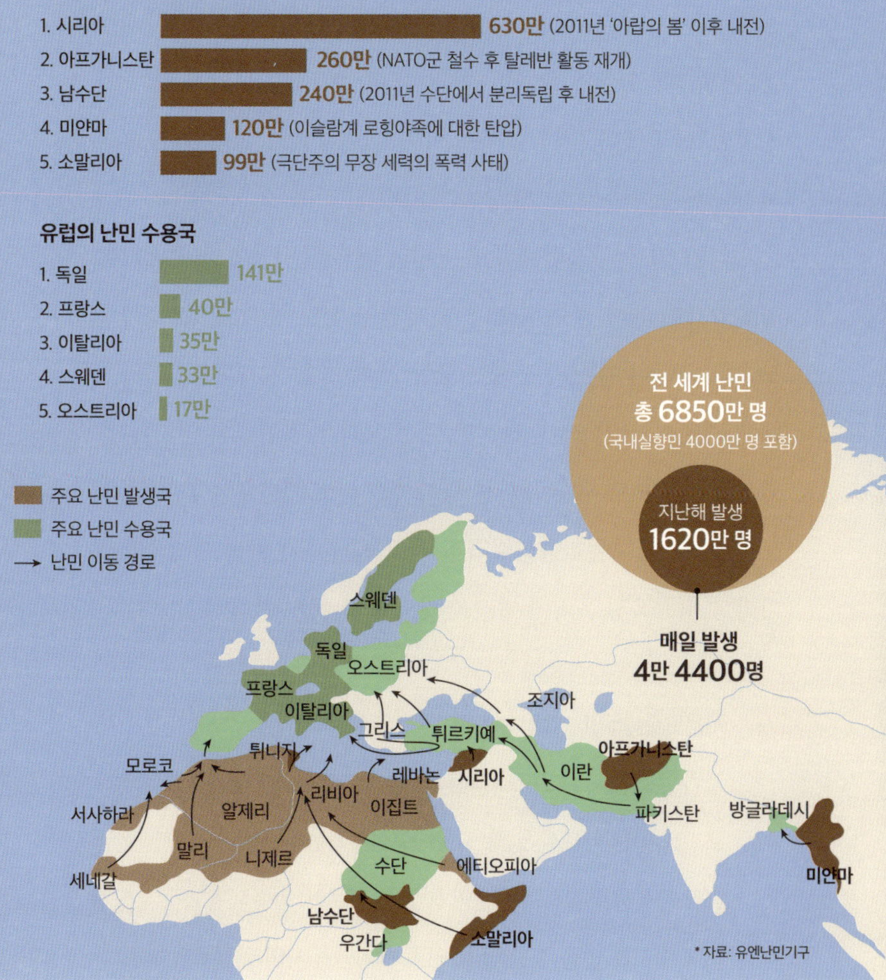

지역별 난민 분포(2018년)

형식적인 태도를 보였어. 어떤 나라에서는 난민 수용을 반대하는 여론도 커지기 시작했어. 때마침 그리스에는 경제 위기까지 닥쳤는데, 경제가 좋지 않은 상황에서 난민까지 받아들이면 국채가 늘고 세금이 오르게 될 수도 있잖아. 그런데 난민들의 지위가 인정되면, 난민들이 받는 혜택은 국민의 세금에서 쓰이겠지. 그래서 난민에 대한 여론이 썩 좋지 않았던 것 같아.

게다가 일부 무슬림들이 유럽에서 범죄를 저지르거나 테러를 일으키기도 해서, 중동 난민들에 대한 시선도 좋지 않았지. 일부 무슬림 난민이 일으킨 문제로 중동 문화, 중동 출신 난민 전체에 대해 편견이 생긴 거야. 하지만 이런 시각은 자신들의 국가와 문화만을 기준으로 다른 문화를 평가하는 태도 때문에 생긴 것일 수도 있어. 이런 **자문화중심주의**적 태도는 다른 문화를 부정적으로 바라보거나 특정 문화에 편견을 갖고 깎아 내릴 위험성도 있지.

## 자문화중심주의

자기 문화가 가장 뛰어나다는 우월성에 빠져 다른 문화를 부정적으로 평가하는 태도를 말해. 자문화중심주의는 민족의 정체감을 만들거나 사회를 통합하는 수단이 될 수도 있지만, 민족적·종교적 우월주의에 빠지게 만들 수도 있어. 민족이나 인종 사이에 갈등이 생길 수도 있고, 국제적으로 고립될 수도 있지.

그 와중에 2015년 9월 초, 시리아 출신의 아일란 쿠르디라는 세 살 아기의 사진이 널리 알려지면서 전 세계는 충격에 빠졌어. 아일란 쿠르디의 가족은 소형 배를 타고 그리스로 가던 중에 지중해 한가운데서 배가 침몰하면서 튀르키예 해안가로 떠밀려 왔어. 결국 아일란 쿠르디와 형 그리고 어머니는 사망하고 아버지만 생존했지. 죽은 형의 나이도 다섯 살밖에 되지 않았어.

이 사진 한 장은 그동안 난민 수용에 소극적이었던 유럽의 여론을 완전히 뒤집어 놓았어. 영국 총리는 입장을 바꿔 난민을 수용하겠다고 할 정도였고, 많은 유럽 시민도 난민을 돕기 위한 운동에 동참하게 됐지. 하지만 난민이 많이 발생하는 시리아와 가까운 유럽 국가들은 난민 정책을 두고 큰 혼란에 빠졌어. 헝가리, 체코, 폴란드, 슬로바키아 등 동유럽 4개국은 여전히 난민 수용을 거부하겠다는 공동성명을 내기도 했지. 반면 독일과 스웨덴 등 몇몇 국가들은 포용 정책을 내세우며 많은 난민을 받아들이겠다고 했어. 특히 독일의 앙겔라 메르켈 총리는 난민 환대 정책을 펼치며 시리아 난민에게 국경을 개방했고, 대규모의 난민이 독일에 정착하려고 했지.

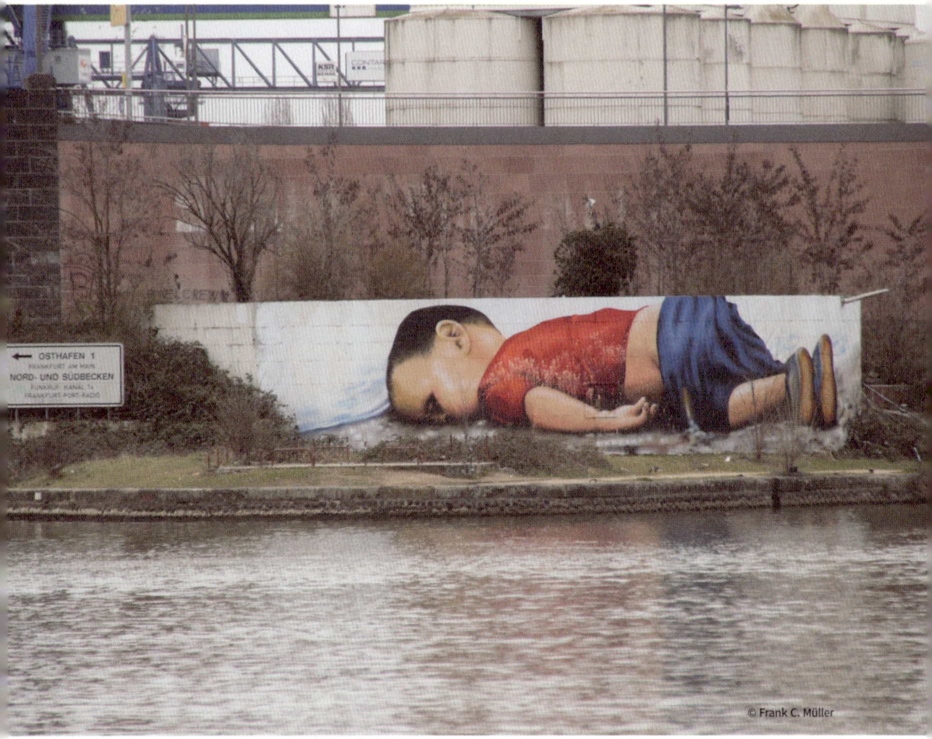

사망한 시리아 소년 아일란 쿠르디의 모습이 독일 프랑크푸르트
동항(오스트하펜)에 벽화로 그려져 있다.


### 난민은 어떻게 발생하게 됐을까?

가장 큰 원인은 전쟁과 내전이야. 1, 2차 세계대전이 벌어졌을 때는
유럽에서 대규모 난민이 생겼고, 많은 사람들이 폭력과 불안정을 피
해 다른 국가로 도피해야 했지. 베트남 전쟁 이후에도 수백만 명의

‘보트 피플Boat People(작은 배를 타고 바다를 건너 다른 나라로 탈출한 사람들)’ 난민이 발생했고, 유고슬라비아 내전 때는 대규모의 인종 청소와 폭력으로 인해 수백만 명이 유럽 곳곳으로 피난해야 했어. 최근에는 시리아 내전, 아프가니스탄 분쟁, 우크라이나 전쟁이 대표적인 난민 발생 원인으로 꼽히고 있어.

최근에는 지진, 홍수, 가뭄 등 자연재해와 기후변화 때문에 환경 난민이 늘고 있어. 방글라데시, 몰디브, 투발루와 같은 국가에서는 기후변화로 인해 주민들이 삶의 터전을 잃은 경우가 많아. 그래서 자신의 나라를 떠나 다른 나라로 이주하며 난민이 되고 있지. 이들을 기후 난민이라고 불러. 다음 페이지에 이어지는 ‘세계 난민 현황(2022년)’을 한번 살펴볼래? 갈색 부분은 전쟁 난민을, 보라색 부분은 기후 난민을 의미해.

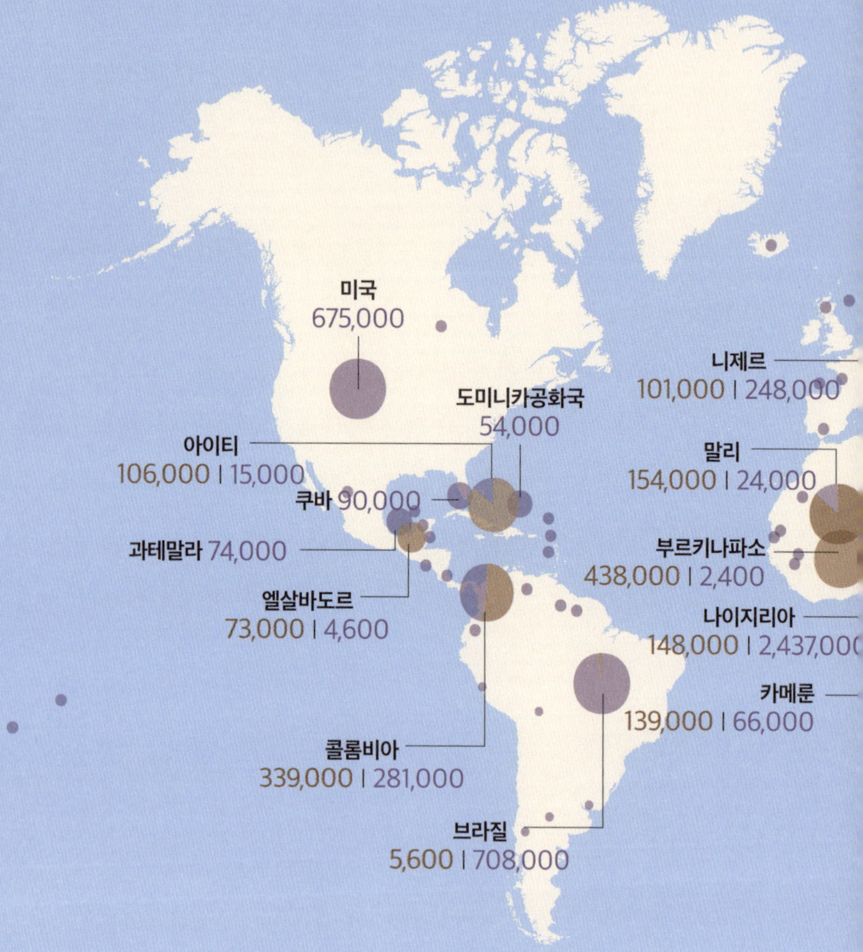

미국
675,000

도미니카공화국
54,000

아이티
106,000 | 15,000

쿠바 90,000

과테말라 74,000

엘살바도르
73,000 | 4,600

콜롬비아
339,000 | 281,000

브라질
5,600 | 708,000

니제르
101,000 | 248,000

말리
154,000 | 24,000

부르키나파소
438,000 | 2,400

나이지리아
148,000 | 2,437,000

카메룬
139,000 | 66,000

3260만 명
자연재해로 인해
발생한 난민

총
6090
만 명

2830만 명
박해와 폭력으로
인해 발생한 난민

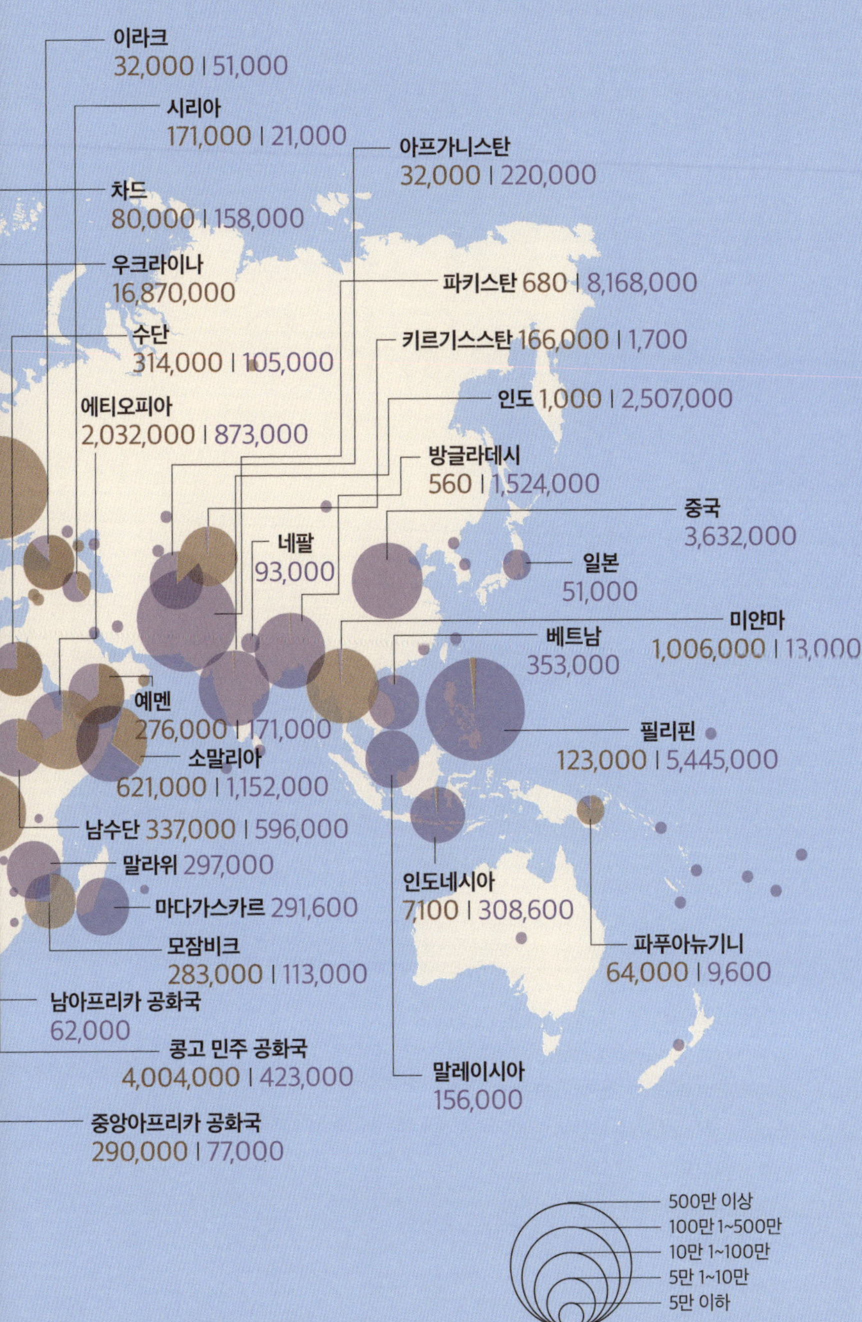


자연재해와 전쟁으로 인한 세계 난민 현황(2022년)

# 난민이 유럽의 뜨거운 감자로 떠오른 이유는?

#제노포비아

#질높은정주환경

#난민지위

#인권침해

# 난민이 테러를 일으킨다고?

독일은 100만 명 정도의 난민이 들어올 거라 예측하고 시리아 난민을 받아들였어. 그런데 실제로는 100만 명을 훌쩍 넘긴 난민이 짧은 시간 동안 들어왔지. 갑작스러운 상황에 당황한 독일은 잠시 동안 국경 통제 정책을 강화했어.

독일이 이렇게 입장을 바꾸자 유럽의 다른 국가들도 줄줄이 국경을 걸어 잠그기 시작했어. 스웨덴, 오스트리아, 슬로바키아도 국경을 통제했고, 헝가리는 국가비상사태를 선포하면서 세르비아-루마니아와의 국경을 닫아 버리고 말았어. 헝가리 근방에 있는 크로아티아 역시 난민이 쏟아져 들어오자 그들을 받아들이겠다는 방침을 발표한 지 하루 만에 입장을 거둬들였어.

이 어지러운 상황 속에서 서유럽으로 향하는 난민 중 무장단체 IS(Islamic State) 조직원이 끼어 있다는 의심까지 생겼어. 테러가 일어날지도 모른다는 공포는 더 심해졌고, 난민 수용에 대한 유럽의 입장은 점점 더 미적지근해졌지. 여론은 갈수록 나빠졌고 낯선 이방인을 향한 공포와 혐오감을 쏟아 내는 **제노포비아** Xenophobia까지 생겼어.

### 제노포비아

낯선 것, 이방인이라는 뜻의 '제노xeno'와 혐오, 공포라는 뜻의 '포비아phobia'를 합쳐 만든 말이야. 일반적으로는 외국인·이주민·외부 문화에 대한 두려움이나 혐오를 말하지. 자신과 다른 문화적, 인종적 배경을 가진 사람들에게 부정적인 감정을 갖고 차별하는 것을 뜻해.

그런데 걱정했던 사고가 결국 터져 버렸어. 2015년 11월, 프랑스 파리에서 발생한 테러 사건인데, 혹시 기억나니? 생드니의 국립경기장 스타드 드 프랑스 일대에서 연쇄 폭탄 테러가 일어났어. 곧이어 바타클랑 공연장과 파리 시내에서 총격전까지 벌어졌지. 이 사건으로 129명이 사망했고 250명이 다쳐 400여 명의 사상자가 생겼어. 그런데 이 테러를 일으킨 범인 중 두 사람이 그리스에서 난민으로 위장 등록해 입국한 IS 대원으로 드러난 거야.

이 일을 계기로 유럽에서 무슬림 난민과 그들의 이민을 부정적으로 보는 사람들은 더욱 많아지고 말았어.

독일에서는 2015년 한 해 동안 난민을 향한 증오범죄가 3600건 일어났는데, 이 중 850건이 난민 수용시설을 직접 공격한 사건이었어. 독일 작센주에서는 난민 수용소로 쓰일 건물에 누군가 불을 지르는 일이 벌어졌거든. 그런데 주민들이 불을 끄는 데 협조하기는커녕 불을 끄러 들어오는 소방차의 진입을 막아 나설 정도였다고 해.

## 난민이 설 자리는 어디일까?

난민이 처한 문제는 이것뿐만이 아니야. 그들은 자국을 떠나는 과정에서 인권 침해를 당하기 쉬워. 국경을 넘는 과정에서 다양한 위험에 처하기도 하고. 특히 바다를 건너는 경우, 난민들은 밀입국 브로커나 위험한 선박에 의지할 수밖에 없는데 이 과정에서 수많은 사람이 목숨을 잃기도 해. 이동 중에 인신매매 대상이 되기도 하지. 특히 여성과 어린이에게는 성폭력, 강제 노동, 아동 노동 착취의 위험이 도사리고 있어. 또 많은 나라에서 난민을 강제 추방하거나 가두기도 해. 그들은 구금 시설에서 기본적인 인권도 보호받지 못한 채 열악한 환경을 견뎌야 하지.

이런 어려움을 이겨내고 겨우 수용국에 들어가도 문제는 끝나지 않아. 정착할 수 있는 집이 부족해서 대부분 난민 캠프나 임시 거주지에서 생활하게 되는데, 환경이 무척 열악한 편이야. 깨끗한 물과 위생 시설, 의료 서비스 등이 부족하니까 건강권을 보장받기도 힘들지. 행복의 주요한 요건 중 하나가 **질 높은 정주 환경**인데, 난민들은 제대로 된 집에 살 기회조차 갖지 못하는 거야.

## 행복의 조건, 질 높은 정주 환경

행복한 삶을 살기 위해서는 다양한 조건이 필요해. 질 높은 정주 환경, 경제적 안정, 민주주의의 실현, 도덕적 실천 등이 그것이지. 정주 환경이란, 인간이 터를 잡고 정착해 살아가는 환경을 의미해. 정주 환경은 의식주뿐만 아니라 문화, 교육, 건강, 각종 첨단 기술 등 사회 환경까지 포함하는 거야.

비옥한 토양, 깨끗한 물과 공기, 평탄한 대지 등 자연환경적 요소는 물론이고 편리한 교통, 보건 및 위생 서비스, 치안 서비스, 학교 및 교육 서비스, 문화 서비스 등 사회환경적 요소가 모두 갖춰져야 질 높은 정주 환경이라고 볼 수 있어.

안정적인 집이 없는 것도 문제지만, 이들에게 합법적으로 취업할 권리를 주지 않는 것도 문제야. 취업을 할 수 없으니 경제적 자립이 어려워서 생계를 유지하기도 힘들고, 심한 빈곤에 시달리기도 해. 난민 어린이들은 정규 교육을 받을 기회도 부족하지. 난민 캠프는 대부분 학교 시설이 부족하니까 기본적인 교육도 받기 어려운 거야. 온 세계가 다문화 사회고 지금이 바로 세계화 시대라는데, 여전히 어떤 사람들은 그 '세계'에 있는 그대로 받아들여지지 못하는 것만 같아.

보통 난민 신청 절차는 복잡하고 시간이 오래 걸려. 그렇게 오래 절차가 진행되는 동안 난민 신청자는 법적인 보호를 받지 못하거나 체류 자격이 불안정해지지. 신청을 한다고 모두가 난민 지위를 얻는 것도 아니야. 심사 과정에서 충분한 증거나 자료를 제시하지 못하면, 정당한 이유가 있더라도 지위를 인정받지 못할 때가 많아. 결국 난민 지위를 인정받아서 수용국에 진입하는 아주 적은 수의 난민만 혜택을 받을 뿐이지.

당장의 위협을 피해 자국을 떠난다 해도, 또 수용국이 받아들여 준다고 해도, 난민 지위를 인정받지 못하면 또다시 심각한 인권 침해의 현장으로 내몰리게 돼. 이런 상태라면 제2의 아일란 쿠르디가 생기는 걸 피하긴 힘들겠지. 게다가 난민들이 '꿈의 종착지'라고 부르는 독일마저도 최근에는 난민 수용 반대 여론이 극심해지는 상황이야.

# 한국은 난민을 어떻게 받아들이고 있을까?

#난민협약

#다양한난민들

#난민인정률

#이슬라모포비아

# 난민 신청은 많지만
# 난민은 거의 없는 나라

한국은 1992년에 유엔 난민협약과 난민의정서에 가입했어. 2013년에는 아시아 최초로 독립적인 난민법을 만들었고 지금까지도 시행하고 있지. 하지만 난민의 지위를 인정하는 난민 인정률은 낮은 편이고, 난민 문제를 둘러싼 사회적 논란도 많아. 한국의 난민 정책은 난민 권리 보호와 국가의 이익 보호 사이에서 균형을 맞추려는 방향으로 운영되고 있어.

2024년 12월을 기준으로 러시아, 카자흐스탄, 중국, 파키스탄, 인도, 예멘, 시리아, 미얀마 등 많은 국가의 주민들이 한국에 난민 지위를 신청했어. 난민 신청 사유는 정치적 탄압, 종교 박해, 특정

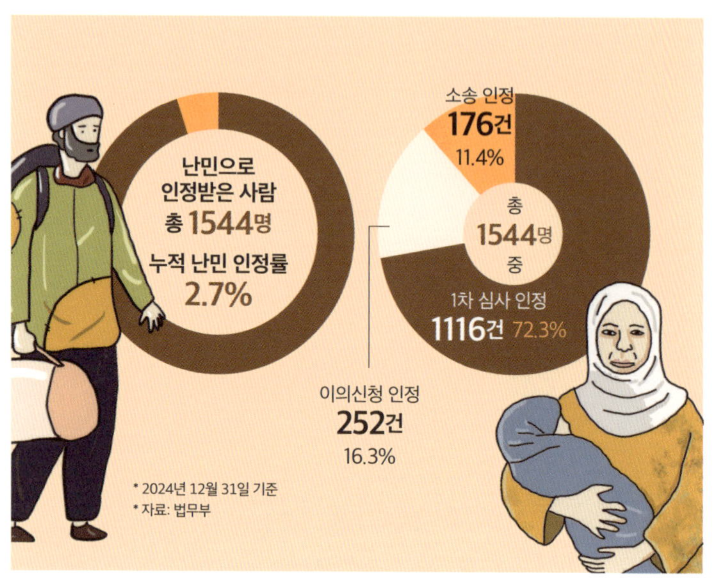


한국의 난민 인정률 현황

인종이나 사회 집단에 대한 박해와 차별, 경제적 어려움, 자연재해, 가족과의 재결합 등 매우 다양해. 예를 들어 미얀마 시민들은 쿠데타 이후 군부의 폭력과 탄압을 피해서 왔고, 예멘과 시리아 출신은 종교 갈등을 피해 우리나라에 입국했지.

우리나라는 난민법 제정 이후, 난민 신청이 꾸준히 늘었지만 난민 인정률은 매우 낮은 편이래. 1994년부터 2024년까지 난민으로 인정된 사람은 약 1544명. 전체 신청자의 약 2.7% 정도야. 심사 기준이 무척 엄격하고, 경제적 어려움으로 난민 신청을 하는 경우는 받아들이지 않기 때문이야. 그리고 우리나라 사람들이 난민을 향해 부정적인 인식을 갖는 것도 한국의 난민 인정률을 낮추는 이유가 되고 있어.

2018년에는 제주도에서 약 500명의 예멘인이 난민 신청을 해서 사회적으로 큰 논란이 됐어. 예멘은 2015년부터 내전이 일어나면서 정치적인 혼란이 이어지고 폭력 사태가 벌어졌어. 당시 제주도는 무사증 제도, 즉 비자 면제 제도를 운영하고 있었기 때문에 예멘인들이 비자 없이 제주도로 입국할 수 있었지. 법무부는 신청자의 일부에게만 인도적 체류를 허가했어. 그리고 대부분은 난민 지위를 인정받지 못한 채, 내전이 끝날 때까지 임시 체류허가만 받게 됐지.

많은 한국인은 예멘 난민을 부정적으로 생각했어. 특히 예멘이 무슬림 국가라는 점 때문에 일부에서는 종교적, 문화적 충돌을 걱정했지. 난민을 받아들이는 것이 치안 문제를 일으키고 경제적 부담을 불러올 것이라는 **이슬라모포비아**Islamophobia까지 나타났어. 그렇게 난민을 둘러싼 갈등은 점점 커졌지. 청와대 국민청원 게시판에 '난민법과 무사증 제도 폐지'를 요구하는 청원이 올라올 정도였거든. 이 청원에는 실제로 70만 명 이상 서명했어. 그때 한국에서 난민 문제를 두고 불안이 얼마나 대단했는지 알 수 있겠지? 정부도 여론을 무시할 수는 없었을 거야. 일단 무

2018년 6월 30일, 제주시청 앞에서 제주난민대책도민연대 등의 단체가 집회를 열어 난민 수용 반대 구호를 외치고 있다.

사증 제도를 일시 중단했어. 그리고 난민 심사 절차를 강화하고, 더 엄격한 기준을 적용하기 시작했지. 결국 난민 인정률은 더 낮아졌고, 인도적 체류 허가도 제한적으로 이뤄졌어.

물론 정부가 반대 여론에만 귀 기울인 건 아니야. 난민들이 사회에 잘 적응할 수 있도록 한국어 교육, 직업 교육 등 일부 지원 프로그램을 운영하긴 했어. 하지만 사회적 인식이 워낙 좋지 않아서 난민의 안정적인 정착은 쉽지 않았지.

**이슬라모포비아**

종교 이름인 '이슬람Islam'과 혐오, 공포라는 의미의 '포비아Phobia'가 합쳐진 말로 이슬람 국가와 이슬람교에 대해 공포를 느끼거나 혐오하는 현상을 뜻해.


# 한때는 우리도 난민이었어

사실 우리도 난민 당사자였던 적이 있어. 일제 강점기 동안 일본의 정치적, 경제적, 사회적 박해를 피해 외국으로 이주하거나 피신해야 했지. 일본의 식민 지배 아래 독립운동가들은 탄압과 체포의 위협을 피해 다른 나라로 망명할 수밖에 없었거든. 김구, 윤봉길, 안중근 등은 중국, 러시아 연해주로 피신해 독립운동을 했어. 상해 임시정부 알지? 많은 독립운동가들이 중국 상해에 있는 대한민국 임시정부로 망명했어. 상해와 만주 지역 일대는 한국 독립운동의 중심지였거든. 그때 수많은 망명인이 그곳에서 활동했지.

일제는 식민지였던 조선에서 토지를 빼앗고 자원을 착취했어. 그래서 많은 농민이 생계 수단을 잃고 고향을 떠나야만 했지. 고향을 떠난 사람들은 주로 만주, 중국 북동부, 시베리아 그리고 일본 본토로 이동했어. 이들은 전쟁이 끝난 후에도 고국으로 돌아오지 못하고 난민과 같은 상황에 처하게 됐지.

광복 이후에 많은 한국인들이 돌아오려고 했지만 여러 정치적, 경제적 이유로 귀환이 어려웠어. 돌아오더라도 전쟁이 벌어지고 나라가 분단된 상황이라서 먹고살기도 힘들었고, 이방인이 된 듯한 소외감을 느끼기도 했지. 우리도 이렇게 난민과 같은 처지에 놓이기도 했고 비슷한 종류의 아픔을 겪었던 걸 생각하면 예멘 난민 사태를 어떻게 봐야 할지, 마음이 참 복잡해지는 것 같아. 초대받지 못한 불편한 손님이 된 것만 같은 기분, 느껴 본 적 있니? 지금 우리가 마주하고 있는 난민들은 그런 기분을 느끼고 있을지도 몰라.

UN 사무총장 안토니우 구테흐스

- 난민을 지원하는 단체들(피난처, 에코팜므, 난민인권센터, 어필 등)을 찾아
  보고 난민을 위해 할 수 있는 일 실천해 보기(예: 캠페인 참여, 자원봉사,
  블로그 댓글 남기기, 적은 금액부터 후원하기 등).

- 유엔난민기구 홈페이지(https://www.unhcr.org/kr)에서 난민 현황과
  실태를 조사해 보고, 긴급구호 후원에 참여하기.

- 세계 난민의 날(6월 20일)에 난민 캠페인 부스 운영을 기획하고 실제
  캠페인을 진행해 보기.

- 세계 난민의 날에 세계 난민들에게 따뜻한 인사와 용기, 응원의 메시
  지를 담은 편지 써 보기(국제구호단체 및 국내 NGO와 연계 가능).

네가 믿고 따르던 누군가가 네 개인정보를
몰래 팔아 버렸다고 생각해 봐. 너의 이름, 집 주소, 학교
위치, 친구들 이름, 좋아하는 가수, 게임, 애인 이름까지!
정말 충격적이겠지! 그런데 네 개인정보를 몰래 팔아 버린
그 누군가가 사람이 아니라 소셜 미디어였다는 사실,
알고 있니? 우리가 자주 이용하는 디지털 공간에서
그런 일이 일어난다면 어떻게 해야 할까?
이제는 용기 있게 말해야 해. "우리 그만 헤어져!"

페이스북
이제 우리
헤어져

# 페이스북, 미국 대선, 영국의 브렉시트, 무슨 관계야?

#개인정보

#소셜미디어

#대통령선거

#유럽연합

# 재미로 성격 테스트를
# 했을 뿐인데

혹시 성격 테스트 좋아해? 케임브리지 애널리티카Cambridge An-alytica라는 회사는 〈당신의 디지털 라이프(this is your digital life)〉라는 성격 테스트 앱을 개발했어. "새로운 사람을 만나는 것을 즐거워하나요?" "모험을 좋아하나요?" "타인의 감정을 잘 이해하고 공감하나요?" 이런 질문에 응답하면, 나의 성격을 분석해 주는 앱이었지. 그런데 케임브리지 애널리티카는 원래 정치 데이터를 분석하는 회사였거든. 단순히 성격 테스트 앱을 개발하는 회사가 아니었던 거야. 이 회사는 성격 테스트로 얻은 개인정보를 이용해 맞춤형 광고를 노출하기 시작했어. 외향성이 강한 사람에게는 활동적인 메시지가 담긴 정치 광고를, 성실성이 높은 사람에게는 안정적이고 신뢰성 있는 메시지가 담긴 정치 광고를 보여 줬지. 그런데 이런 이야기를 왜 하냐고? 지금부터 잘 들어 봐. 무척 중요한 이야기거든.

지금 이야기할 페이스북Facebook은 미국에서 만들어진 글로벌 소셜 미디어야. 인스타그램Instagram은 잘 알고 있지? 인스타그램과 페이스북은 메타 플랫폼스Meta Platforms라는 회사에 속해 있어.

**페이스북**

페이스북은 2004년 2월 4일 마크 저커버그와 그의 하버드대학교 동료들이 만든 소셜 미디어야. 초기에는 하버드대학교 학생들을 위한 플랫폼이었는데, 2006년 이후 전 세계로 확장됐어. 지금은 수십억 명이 사용하는 글로벌 플랫폼으로 성장했지.

페이스북은 미국 역사와 정치, 사회 전반에 깊은 영향을 미쳤어. 2008년 대통령 선거 때부터는 미국 선거에서 중요한 역할을 했지. 그때 대선 후보였던 버락 오바마는 페이스북을 포함한 SNS를 잘 활용해 젊은 유권자와 직접 소통하며 표를 모았어. SNS가 여론을 만드는 데 미치는 힘을 잘 보여 줬지. 물론 문제점도 있었어. 2016년 미국 대선에서는 페이스북을 통해 가짜 뉴스와 거짓 정보가 순

식간에 퍼지고 유권자에게 큰 영향을 미치면서 심각한 사회문제가 되었거든.

그러면서도 페이스북은 인종차별(#BlackLivesMatter), 성차별(#Metoo), 기후변화(#ClimateCrisis) 등의 문제를 공유하고, 전 세계 사람들이 연대하며 목소리를 낼 수 있는 플랫폼이기도 했어. 코로나19 팬데믹 시기에는 백신 정보, 방역 수칙 등 중요한 공공 정보를 공유하는 역할도 했지.

그렇지만 개인정보 보호에 소홀하고, 가짜 뉴스가 퍼지는 것을 적극적으로 막지 않는 것  때문에 여전히 많은 비판을 받고 있기도 해.

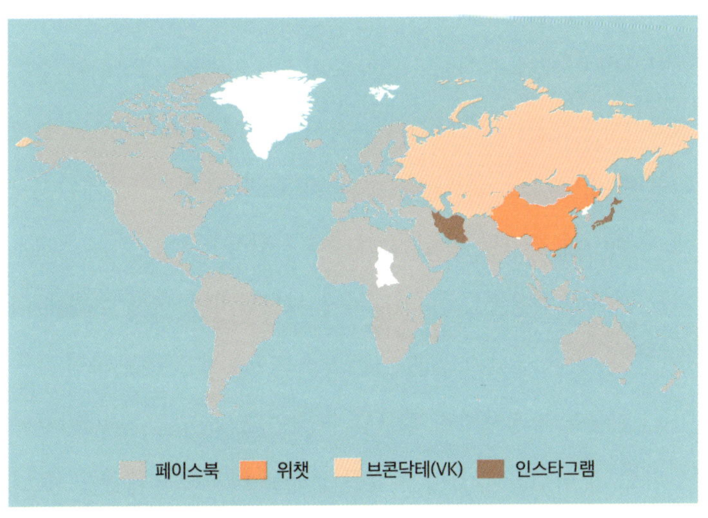


국가별 가장 인기 있는 소셜 미디어(2023년)

## 소셜 미디어 세계지도

앞의 지도에서 소셜 미디어의 인기도를 보면 페이스북을 이용하는 국가들과 위챗을 이용하는 중국, 브콘탁테를 이용하는 러시아로 크게 나뉘는 것을 볼 수 있어. 인스타그램은 이란과 일본에서 인기가 있네! 페이스북은 월간 활성 사용자가 29억 6000만 명에 이르고, 167개국 중 157개국(94%)에서 최고의 소셜 미디어로 이용되고 있어.

# 페이스북 개인정보,
# 너에게 줄게

케임브리지 애널리티카의 앱은 페이스북을 통해 데이터를 수집했어. 이 앱에서 성격 테스트를 하려면 페이스북 계정으로 로그인을 해야 했거든. 로그인을 하면 페이스북에 있는 내 개인정보에 이 회사가 접근할 수 있었던 거야. 사람들은 무심코 '개인정보 접근 권한을 허용한다'는 선택지에 체크했지만, 그게 어떻게 이용될지는 전혀 몰랐지. 그때는 페이스북으로 로그인을 하면 그들이 내 친구들의 정보까지 접근할 수 있었대.

나도 그 사실을 알았다면 접근 권한을 허락하지 않았을 것 같아. 그들은 이런 내용을 미리 알렸다고 하지만, 깨알 같이 작은 글씨로 이해하기 어려운 단어가 가득한 이용약관 같은 걸 자세히 읽어 보는 사람이 과연 몇이나 있었겠어?

이 앱을 만든 회사는 성격 테스트에 참여한 약 27만 명의 정보뿐 아니라 그들의 친구들까지 포함해 약 8700만 명의 개인정보를 수집할 수 있었어. 8700만 명이라니, 믿어지니? 2024년 기준 우리나라의 인구가 약 5175만 명인데 말야! 이 사건은 2018년 3월, 케임브리지 애널리티카의 직원이었던 크리스토퍼 와일리를 통해 세상에 알려졌어. 페이스북의 개인정보 데이터 관리에 얼마나 허점이 많은지 보여 준 사건이었지. 이 사건 이후 결국 케임브리지 애널리티카는 2018년 5월 파산하게 돼.

## 개인정보는 나라의 운명을 결정할 수도 있어

케임브리지 애널리티카가 페이스북에서 받은 정보에는 이름, 위치, '좋아요'를 누른 기록, 친구 목록 등이 포함돼 있었어. 그들은 이런 데이터를 바탕으로 선거 운동에 활용할 수 있는 정교한 프로파일(사람의 성격, 관심사, 생각 등을 자세히 분석해서 만든 정보 카드)을 만들었지. 불안감이 높은 사람에게는 불법 이민자들이 미국 시민을 위협한다는 메시지를 보냈어. 보수적인 성향의 사람들에게는 안보와 관련된 메시지를 보여 줬지. 평소에 나의 관심사와 너무 딱 맞아떨어지는 광고나 영상이 SNS에서 자주 보이는 것 같은 느낌이 들 때가 있지? 그건 어쩌면 느낌만이 아니었을 수도 있어.

케임브리지 애널리티카는 2016년 미국 대선에서 후보였던 도널드 트럼프를 위해 광고를 지원했어. 페이스북을 통해 유권자들에게 맞춤형 정치 광고를 보여 준 거야. 경제 문제에 관심이 많은 사람에게는 트럼프의 경제 공약이 담긴 광고가 노출되는 방식으로 말야. 광고가 개인의 관심사와 심리 상태에 딱 맞춰져 있으니까 사람들에게 아주 큰 영향을 미칠 수 있었겠지?

페이스북의 개인정보는 영국의 **브렉시트**Brexit 국민투표에서 **유럽연합**(European Union, EU) 탈퇴를 지지하는 "EU를 떠나라(Leave.EU)" 캠페인에도 사용됐어. 경제 위기, 이민 문제, 국가 주권 등의 이슈를 노출해서 영국이 유럽연합을 탈퇴하는 게 좋은 거라고 유도하는 광고가 전달된 거지. 트럼프에게 유리한 광고를 맞춤형으로 노출했던 것처럼, 이민자에 대한 불안감이 높은 사람들에게는 영국이 유럽연합 소속이라서 이민 문제가 심각하다는 식의 메시지를 보여 주는 거야. 이런 광고는 영국인들이 유럽연합을 부정적으로 생각하게 만들었어. 결국 2016년 6월 영국

의 브렉시트 국민투표 결과, 51.9%의 찬성으로 유럽연합 탈퇴가
확정됐어.

## 유럽연합과 브렉시트

유럽연합은 유럽의 여러 국가들이 한 팀처럼 친하게 지내면서, 서로
협력하기 위해 만들어졌어. 유럽연합은 1957년 경제협력을 목적으
로 출발한 '유럽경제공동체(EEC)'에서 시작됐어. 1993년 11월에는
더 많은 유럽 국가들이 참여하면서 마스트리흐트 조약(유럽경제공동
체 소속 국가들이 정치·경제·통화를 통합하기로 합의한 조약)에 따라 '유럽
연합'으로 이름이 바뀌었지.

그러니까 유럽연합에 속한 국가들은 마치 한 나라처럼 함께 잘살아
보자는 약속을 한 거야. 원래는 나라마다 고유한 화폐가 있었는데 유
럽연합 나라들끼리는 화폐를 유로(€)로 통일하기로 했어. 그리고 회
원국 사이의 무역에서는 세금을 없앴지. 유럽의 평화를 위해 회원국
끼리 분쟁이 일어나지 않도록 중요한 안보 관련 결정도 함께 의논하
기로 했어. 2025년 기준 유럽연합은 독일, 프랑스, 이탈리아, 스페인,
폴란드, 체코, 네덜란드 등 총 27개 국가로 구성되어 있어.

물론 유럽연합 사이의 이런 약속을 부정적으로 생각하는 사람들도 있
었지. 2016년 영국에서는 분담금(유럽연합을 운영하는 데에는 돈이 필요
하겠지? 분담금은 회원국들이 내는 일종의 회비라고 볼 수 있어)이 부담스럽

2024년 7월 24일 런던에서 열린 브렉시트 항의 시위.
영국은 유럽연합을 탈퇴했지만 여전히 여론은 혼란스러운 상황이다.

고, 이민자가 늘어나며, 난민이 너무 많이 들어온다면서 유럽연합을 탈퇴하자는 움직임이 일어났어. 결국 유럽연합을 탈퇴할 것인가, 하지 않을 것인가를 두고 국민투표가 진행됐고, 2021년 1월 1일 자로 영국은 유럽연합을 탈퇴했어. 이걸 브렉시트Brexit라고 부르지. 영국(Britain)과 탈퇴(Exit)를 합친 말로 영국의 유럽연합 탈퇴를 뜻하는 단어야.

# 개인정보 유출, 후폭풍을 감당할 수 있겠니?

#DeleteFacebook

#개인정보보호

#이용약관

#개인정보유출

# 페이스북의 배신, 그 이후

이 사건이 폭로된 이후, 페이스북 CEO 마크 저커버그는 미국 의회와 유럽 의회에 불려 갔어. 페이스북이 책임을 져야 한다는 목소리가 점점 커졌거든. 의회와 대중의 압박 속에서 결국 페이스북은 케임브리지 애널리티카의 데이터 접근을 차단하고, 개인정보 보호 정책을 강화하겠다고 발표했어. 페이스북 데이터에 접근하는 앱을 더 신중하게 검토하고 개인정보를 보호하기 위해 더 강력한 방법을 도입하겠다고도 했지. 미국 연방거래위원회(FTC)도 페이스북에 50억 달러(약 7조 원)의 벌금을 부과하며, 개인정보 보호 관련 정책을 개선하라고 명령했어. 하지만 거센 비판은 가라앉지 않았지. 페이스북의 대응은 너무 늦었고 여전히 부족했기 때문이야.

이 사건으로 많은 사람들이 페이스북을 멀리하면서 #Delete-Facebook(페이스북을 지워라) 해시태그 운동을 시작했어. 이 운동은 페이스북이 일으킨 문제에 불만과 저항을 나타내기 위해 계정을 삭제하거나 페이스북을 탈퇴하는 방식으로 진행됐어. 사용자의 개인정보를 더 안전하게 관리하고, 투명하게 사용하도록 압박하는 방법이기도 했지. 이때 일론 머스크, 브라이언 액턴(왓츠앱 공동 창립자), 짐 캐리 같은 여러 유명인들도 이 운동을 지지했어. 일부 대기업들도 페이스북에서 진행하던 광고를 멈췄고, 페이스북을 비판했지.

#DeleteFacebook 운동 이후 새롭게 가입하는 사용자는 줄고, 계정을 삭제하는 사용자는 늘었어. 그리고 페이스북의 개인정보 유출, 사생활 침해, 거짓 정보 확산 때문에 사람들은 소셜 미디어에서 자신의 정보를 어떻게 관리하고 보호할 수 있을지 고민

영화배우 짐 캐리　　테슬라 CEO 일론 머스크

하기 시작했어. **개인정보**를 보호하고 제대로 관리하려면 무엇을 해야 할지 생각하게 된 거지. 사람들은 대안을 찾기 위해 다른 플랫폼으로 옮기기도 했고, 소셜 미디어 사용 시간을 줄이는 노력을 하기도 했어.

## 개인정보

개인정보란 나를 다른 사람과 구별할 수 있게 하는 모든 정보를 의미해. 이름, 주민등록번호, 사진, 영상을 모두 포함하지. 또 성별, 출생 연도, 사는 지역, 학교 같은 정보 중에 한 가지 정보만으로는 어떤 사람이 누구인지 알기 어렵지만, 이 정보들이 합쳐지면 알 수 있게 되잖아. 그래서 이런 것들도 개인정보에 포함된다고 볼 수 있어.

나의 신체 정보, 의료기록, 소득, 신용, 즐겨 찾는 웹사이트, 접속기록 등이 나도 모르는 사이에 다른 사람들에게 전달되는 일이 벌어지기도 하지. 이런 상황을 '개인정보 유출'이라고 해. 이렇게 유출된 개인정보는 금융 사기나 범죄에 이용될 수도 있어. 그래서 정부에서도 정보통신기반 보호법이나 개인정보 보호법 등을 통해 개인정보 유출을 막으려고 노력하고 있지. 하지만 그것만으로 안심하긴 일러. 우리도 인터넷 사이트나 소셜 미디어에 가입할 때 이용약관이나 안내 사항을 꼼꼼하게 읽어야 해. 팝업이나 문자에 첨부된 링크를 아무 생각 없이 누르면 안 된다는 것도 명심해!

# 너의 개인정보는
# 과연 잘 있을까?

#권리를지키는일

#소통하지않는사회

#맞춤형콘텐츠의진실

#필터버블

# 우리가 감시하지 않으면
# 바뀌지 않아

페이스북과 케임브리지 애널리티카 사건을 보면 소셜 미디어가 단순한 소통 도구만은 아니라는 걸 이제 알겠지? 미국 회사에서 일어난 일이라고 우리와 상관없는 일이라고 생각하면 안 돼. 소셜 미디어는 이미 우리의 삶에 깊숙이 들어와 있거든.

유튜브, 인스타그램, 틱톡 같은 글로벌 소셜 미디어들은 우리의 개인정보를 수집해서 여러 가지 방법으로 이용하고 있어. 우리는 점점 더 많은 사진, 영상, 글을 소셜 미디어에 올리고 있잖아. 별것 아닌 일상처럼 보이겠지만 사실 그 안에 담긴 모든 게 바로 개인정보야. 그러니 자신의 정보를 어떻게 관리해야 할지 관심을 가지는 게 중요해. 개인정보 보호 정책을 살펴보고 이해하려고 노력해 보자. 프라이버시 설정도 꼼꼼하게 따져 보는 게 좋아. 그리고 소셜 미디어가 우리의 데이터를 어떻게 사용하는지, 어떻게 보호하고 관리하는지 관심을 갖고 지켜봐야 해. 그게 우리의 권리를 지키는 첫걸음이 될 거야.

## 필터 버블

혹시 소셜 미디어에서 나에게 딱 맞는 콘텐츠가 계속 나오는 것 같다고 느껴 본 적 있어? 내가 최근에 관심을 가진 게임과 비슷한 게임 영상이 등장하거나, 사고 싶었던 화장품과 비슷한 화장품 광고가 뜨는 것 말야. 소셜 미디어 같은 플랫폼이 알고리즘을 사용해 우리의 관심사와 성향에 맞춘 콘텐츠만을 계속 제공하잖아. 그러다 보면 다양한 정보를 보지 못하고 특정 정보에 갇히게 되거든. 이걸 바로 필터 버블Filter Bubble이라고 해. 엘리 프레이저가 그의 책 《생각 조종자들(The Filter Bubble)》(2011)에서 처음 제안한 용어야.

필터 버블은 여러 문제를 만들고 있어. 한쪽으로 치우친 정보만을 보게 되니까 나와 다른 의견을 보거나 새로운 정보를 얻을 기회가 적어지잖아. 그러면 다양한 시각을 갖기 어렵게 되지. 나와 생각이 비슷한 사람들끼리만 소통하면 어떻게 될까? 나의 신념이나 생각은 점점 강해지고 의견이 다른 사람들과는 소통이 잘되지 않겠지? 소통이 잘

되지 않는 사회에서는 의견이 충돌하고 서로의 생각을 존중하지 못하면서 갈등이 점점 더 커지게 될 거야.

# 소셜 미디어가 보여 주는 세상에 속지 마

소셜 미디어가 우리의 정보를 이용해 우리를 조종할 수 있다는 것. 이제 좀 실감이 나니? 나의 친구들, 친구들의 성향, 구입한 물건, 웹 검색 정보, 위치 정보, '좋아요'를 누른 게시물은 물론 내가 무엇을 좋아하고 싫어하는지, 무엇을 두려워하는지, 어떤 것에 관심을 보이는지 소셜 미디어는 속속들이 알 수 있거든. 그런 정보를 통해 맞춤형 콘텐츠를 제공하는 거야. 그리고 그것을 이용해 누군가에 대한 혐오를 만들어 낼 수도 있고, 공포 정치에 활용할 수도 있어. 가짜 뉴스와 거짓 정보에 속았다고 해도 책임지는 사람은 없으니까.

그래서 우리는 꼭 기억해야만 해. 우리가 지금 보고 있는 콘텐츠가 사실이 아닐 수 있다는 걸 말야. 서로 소통하고 경험을 나누며 외로움을 느끼지 않으려고 머물렀던 인터넷 공간이, 어느 순간 돌변해 우리의 허점을 노리며 공격할 수 있다는 걸 잊지 마.

- 개인정보보호위원회 '내 정보 지킴이'에서 개인정보 보호 방법을 조사해 친구들에게 발표하기.

- 한국인터넷진흥원에서 운영하는 '개인정보 포털' 사이트를 활용해 본인의 개인정보가 유출되었는지 확인하고, '개인정보배움터'에서 학생을 위한 개인정보 보호 영상을 시청한 후, 소감문을 작성하기.

- 자주 사용하는 소셜 미디어(틱톡, 유튜브, 인스타그램 등)의 개인정보 관련 정책을 확인해서 이를 정리하고, 모르는 용어와 내용 찾아보기.

- 한국에서 개인정보가 유출된 주요 사건을 알아보고 어떻게 해결되었는지 조사하기. 이와 관련해 사용자, 기업, 법률(개인정보 보호법), 정책 측면에서 미흡한 부분이 있었다면 어떻게 보완할 수 있는지 해결 방안 작성하기.

개인정보보호위원회
내 정보 지킴이

개인정보 포털
사이트

**함께 볼 만한 다큐멘터리**

• 제목: 거대한 해킹(The Great Hack)

• 발표 연도: 2019년

• 감독: 카림 아메르(Karim Amer), 제한 누젠(Jehane Noujaim)

• 내용: 불법적으로 수집된 개인정보가 정치적 목적에 따라 어떻게 사
용되고 조작되는지를 잘 보여 주는 다큐멘터리.

# '나의 은밀한 자유'를

# #MyStealthyFreedom

어제까지 나와 대화하고 웃던 친구가 갑자기 사라진다면,
게다가 며칠 후에 싸늘한 주검으로 돌아온다면,
그 마음은 어떨까? 말로는 설명할 수 없을 만큼 슬플 거야.
그런데 누구에게도 일어나지 않길 바라는 이런 일이
이란의 한 여성에게 일어났어.
이 일은 이란 여성들의 마음을 움직이고 행동하게
만들었지. 어떤 일인지, 왜 이런 일이 일어났는지
같이 한번 살펴보지 않을래?

# 외치다

# 이란 여성들은 왜 거리로 나왔을까?

#이슬람문화권

#이슬람혁명

#히잡착용의자유

#시민불복종

# 머리카락이 보여서 체포된 여성

2022년 9월 13일, 평범한 22세 여성 마흐사 아미니Mahsa Amini
는 평소처럼 이란의 수도인 테헤란 시내를 걷고 있었어. 그러다
갑자기 '도덕 경찰(지도 순찰대)'에게 붙잡혔어. 도덕 경찰이 뭐냐
고? 이란 여성의 복장을 단속하는 경찰이야.

도덕 경찰이 마흐사 아미니를 붙잡은 이유는 단순했어. 히잡
사이로 머리카락이 너무 많이 빠져나왔다는 거야. 1983년에 제
정된 이란의 법에 의하면 공공장소에서 여성은 의무적으로 히잡
을 써야 해. 히잡으로 머리를 감싸서 머리카락이 보이지 않도록
해야 하는 거지. 이 법을 어기면 벌금을 부과하거나 체포할 수 있
고 심하면 유치장이나 구치소에 가둘 수도 있대.

# 히잡을 왜 써야 하는 거지?

히잡은 머리에 둘러서 머리카락을 가릴 수 있는 의상이야. 이슬람 문화권 여성들이 주로 착용하지. 전통적으로 이슬람 문화권에서는 여성들이 공공장소에서 히잡으로 머리카락을 감싸야 하는 풍습이 있거든.

## 문화권과 이슬람의 전통문화

문화권이란 비슷한 문화를 공유하는 지역적 범위를 뜻해. 그러니까 이슬람 문화권은 이슬람 문화를 공유하는 지역의 범위를 의미하는 거야. 이슬람을 믿는 사람을 무슬림Muslim이라고 불러. 무슬림 인구는 약 19억 명으로 전 세계 인구의 약 25%를 차지하고 있어. 인구의 네 명 중 한 명은 무슬림인 셈이지.

이슬람의 전통문화에는 메카를 향해 하루 다섯 번 기도하는 '살라', 금식 기간인 '라마단', 이슬람 교리에 따라 허용된 음식을 의미하는 '할랄 음식' 등이 있어. 또한 돼지고기와 술을 엄격히 금지하기도 하지. 히잡도 이슬람 여성들의 전통적인 의복 문화 중 하나야.

이슬람 문화나 교리를 따르는 정도는 나라마다 달라. 종교적으로 보수적인 나라들은 이슬람 전통과 교리를 엄격하게 적용하기도 하고, 현대화(세속화)가 이루어진 나라에서는 개인의 선택에 맡기기도 해.

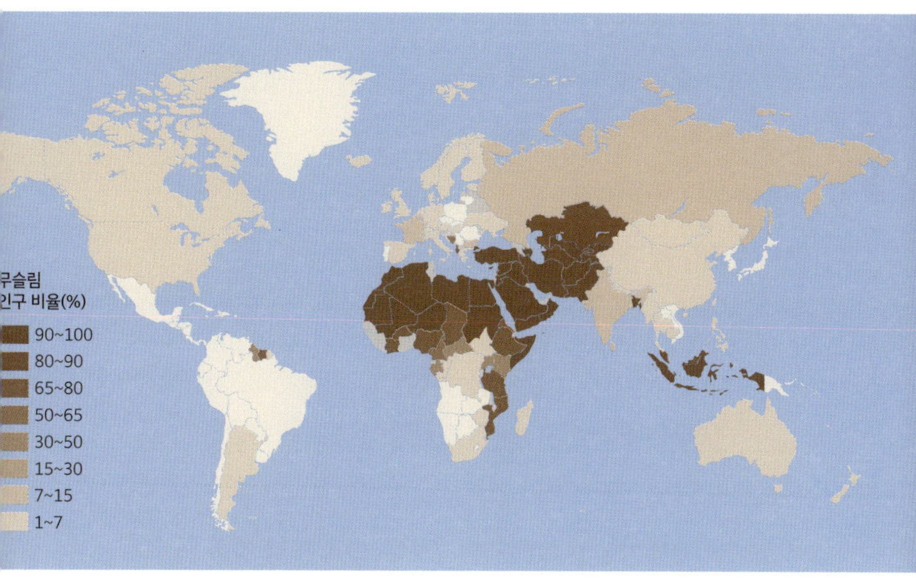


전 세계의 무슬림 인구 비율

사우디아라비아, 이란 같은 나라는 전통과 교리를 엄격히 지키고 튀르키예, 말레이시아, 인도네시아는 비교적 자율적인 모습을 보이고 있지.

근현대를 지나면서 히잡 착용 문화는 나라마다, 또 히잡 문화를 받아들이는 여성들에 따라 달라졌어. 이슬람의 전통을 강조하는 보수적인 나라에서는 히잡 착용을 법으로 만들어서 강제하기도 하고, 상대적으로 개방적인 이슬람 국가에서는 현대화를 위해 히잡 착용을 금지하기도 했어. 국가의 규율이 없는 경우에는 자신의 정치적, 문화적, 종교적 신념에 따라 히잡을 입을지, 입지 않을지 결정하고 있지. 히잡을 선택하는 여성들 중에는 현대식으로 히잡을 재구성해서 개성을 표현하는 사람들도 있어. 다양한 색깔이나 무늬를 넣어서 패션으로 승화시키는 거지.

## 여성의 삶을 바꿔 버린 이슬람 혁명

1979년 이란에서는 이슬람 혁명이 일어났어. 혁명 이후 이란 정부는 이슬람 문화를 지켜야 한다며 히잡 착용을 법으로 엄격하게 규정했어. 이 법에 따르면 여성들은 9세가 됐을 때부터 공공장소에서 반드시 히잡을 착용해야 해.

### 이슬람 혁명과 히잡 착용의 자유

사실 이란 여성들에게 히잡 착용이 개인의 선택이었던 때도 있었어. 때는 1920년대 중반 리자 샤 팔레비 왕조가 집권하던 시절, 이들은 이란을 현대화하고 서구화하려고 했어. 그래서 개방적인 정책을 펼쳤지. 이슬람 전통문화에서 벗어나고 싶었던 팔레비 왕조는 이란 여성들에게 서구식 옷을 입으라고 권장하기도 했어. 이 시기 이란 여

1950년대 이란 여성들

이슬람 혁명 이후 이란 여성들

성들의 옷을 보면, 서구 유럽인지 이슬람 국가인지 구분이 안 될 정도야.

그러나 1976년 이란의 경제가 나빠졌어. 그러자 팔레비 왕조의 서구화 정책을 부정적으로 보는 여론이 강해졌어. 결국 1979년, 민중들에 의해 이슬람 혁명이 일어났고 팔레비 왕조는 무너졌지. 이슬람 혁명으로 이란의 사회 분위기는 완전히 달라졌어. 서구화 정책은 모두 폐지됐고, 전통적인 이슬람 문화를 강조하는 보수적인 사회가 된 거야. 여성은 공공장소에서 히잡을 의무적으로 입어야 한다는 법도 이런 배경에서 만들어져 지금까지 이어져 온 셈이지.


다시 아미니 이야기로 돌아가 보자. 도덕 경찰은 아미니가 법을 어겼다고 판단하고 '교육'을 한다는 핑계로 구치소에 보냈어. 이때까지만 해도 아미니가 다시 집으로 돌아올 수 있을 줄 알았어. 하지만 아미니는 구치소에 갇힌 지 3일 만에 싸늘한 주검이 됐어.

건강했던 20대 초반 여성이 갑자기 사망했다는 게 너무 이상하잖아. 그래서 아미니의 가족은 경찰을 의심했어. 아미니를 가두고 조사하면서 경찰이 폭력을 썼을 거라고 말이야. 실제로 시신에는 구타당한 흔적들이 있었거든. 하지만 경찰은 아미니의 사망 원인이 갑작스러운 심부전이라며 폭력 행위는 절대 없었다고 주장했어.

# SNS를 통해 퍼진 이름, #MahsaAmini

이 억울한 사연은 SNS를 통해 빠르게 퍼졌어. #MahsaAmini(마흐사 아미니)라는 해시태그로 널리 알려졌지. 이란의 여성들은 아미니의 장례식이 열리는 9월 17일, 'Woman, Life, Freedom(여성, 삶, 자유)'이라는 슬로건을 들고 테헤란로로 나와 시위를 벌였어. 이 시위는 금세 이란 전체로 퍼져 나갔어.

시위는 다양하고 적극적인 방식으로 이뤄졌어. 거리로 나온 여성들은 항의의 의미로 삭발을 하기도 하고 히잡을 태우기도 했지. 이 시위에는 여성들뿐만 아니라 남성들도 함께 연대하며 동참했어. 이런 행위는 일부러 법을 위반하는 것으로 항의 의사를 표현하는 **시민 불복종**이라고 볼 수 있어.

### 시민 불복종

시민 불복종은 잘못된 법이나 정책을 바로잡기 위해 법을 위반하는 행위를 말해. 법, 정책, 제도를 일부러 따르지 않는 것으로 잘못된 정책에 항의하고 개선하려고 하는 시민 참여 운동이야. 물론 모든 위법 행위가 시민 불복종으로 인정되는 건 아냐. 시민 불복종이 정당한 시민 참여 운동으로 인정받으려면 네 가지 조건이 필요해.

이란의 여성들이 마흐사 아미니의 이름과 함께 "이란인의 삶도 중요하다
(Iranian Lives Matter)"라는 구호가 적힌 피켓을 들고 시위하고 있다. 이 구호는
인종차별 철폐를 요구하는 "흑인의 삶도 중요하다(Black Lives Matter)"를
변형한 것이다.

첫째는 **공익성**이야. 시민 불복종은 개인의 이익이 아니라 사회 전체
의 정의를 위한 것이어야 해. 둘째는 **비폭력**적이어야 해. 시민 불복
종 과정에서 폭력적인 행위를 해서는 안 된다는 것이지. 셋째는 **처벌**
**을 받아들여야** 한다는 거야. 법을 어기면 처벌을 받잖아. 시민 불복

종은 처벌을 받아들이면서까지 잘못된 걸 고치겠다는 의지를 보여주는 것이거든. 마지막으로, 시민 불복종은 **최후의 수단**이어야 해. 합법적인 수단을 동원해도 해결하기 어려울 때, 가장 마지막에 시도해야 한다는 것이지.

이란 정부는 이 시위를 폭력적으로 진압했어. 시위대를 폭행하고 체포하고 감금했지. 시위를 주도한 사람들은 대부분 너희들과 비슷한 10대와 20대 청년들이었어. 이란 인권운동가들에 따르면 정부가 시위대를 진압하는 과정에서 어린이 47명을 포함해 최소 298명이 목숨을 잃었고, 최소 1만 4000명 이상이 체포됐다고 해.

하지만 이런 무자비한 진압은 통하지 않았어. 오히려 시위의 방향이 히잡 착용 거부만이 아니라 정부에 반대하는 반정부 시위로 확대됐지. 사람들은 국민의 생명과 자유를 탄압하는 행동을 중단하라고 외쳤어.

# 해시태그는 어떻게 이란 여성의 무기가 됐을까?

## '나의 은밀한 자유'

히잡 의무 착용을 거부하는 여성들의 저항은 이번이 처음은 아니었어. 이슬람 혁명 이후 히잡을 의무적으로 착용하게 하는 정책을 꾸준히 비판하고 저항하는 목소리가 있어 왔지. 하지만 엄격하고 보수적인 이란 사회에서 여성들의 목소리가 받아들여지기는 어려웠어. 그저 여성들끼리 알음알음 문제의식을 공유했지. 그런데 2000년대 이후 인터넷과 SNS가 발달하자 여성들의 목소리를 전 세계로 퍼뜨릴 수 있게 된 거야.

2014년, 미국에 사는 이란 여성 마시 알리네자드Masih Alinejad는 '나의 은밀한 자유(My Stealthy Freedom)'라는 페이스북 페이지를 만들었어. 그리고 이란의 여성들에게 공공장소에서 '은밀하게' 베일을 벗고 찍은 사진을 보내달라고 했어.

앞에서 이야기했듯이 이란의 공공장소에서 히잡을 벗는 것은 불법이야. 마시 알리네자드는 이 법의 부당함을 알리기 위해 '은밀하게라도' 공공장소에서 베일을 벗고, 그 모습을 공유하자고 제안했어.

이란 여성들은 알리네자드의 제안을 기꺼이 받아들였어. 처음에는 조심스럽게 자신의 옆모습이나 뒷모습을 찍은 사진을 공개했는데, 나중에는 얼굴과 목소리까지 드러내며 캠페인에 참여했지. 이 캠페인은 사람들이 이란 여성의 히잡 문제, 나아가 여성 인권 문제까지 관심을 갖게 하는 계기가 됐어. 이란 남성들도 캠페인에 적극적으로 참여하면서 억압적인 사회 분위기에 저항하는 시민 사회 운동으로 확장했어.

## 히잡 쓴 남자와 하얀 수요일

남성들은 히잡을 직접 머리에 두른 채 자신의 부인이나, 어머니, 여동생, 여성 친지들 곁에서 사진을 찍고 '히잡 쓴 남자(#MenIn-Hijab)'라는 해시태그를 붙이는 온라인 캠페인을 벌였어. 이란 여성들이 개인적으로만 공유하던 히잡 의무 착용 문제는 알리네자

드의 페이스북 운동으로 점점 구체적으로 드러나며 조직화하기 시작했지.

온라인을 중심으로 이루어지던 저항 운동의 물결은 점차 거리로 퍼졌어. 2017년부터는 '하얀 수요일(#WhiteWednesdays)' 운동이 벌어졌어. 이 운동은 여성들이 매주 수요일에 흰색 히잡을 착용하거나 거리에서 흰 스카프를 들고 서 있는 상징적인 행동을 하는 운동이야. 정부의 히잡 규정에 저항하는 의미였지. 이란 여성들은 테헤란의 거리에서 높은 곳에 올라가 흰색 히잡을 흔들었어. 이 모습은 영상에 담겨 SNS로 빠르게 공유됐어. 캠페인에 참

이란 이스파한의 한 모스크에서 검은색 히잡을 쓴 여성들이 서 있다.

여한 여성들은 징역형에 처하거나 벌금을 물게 되는 등 처벌을 받았지만, 여성들은 멈추지 않았어. 더 많은 이란 여성들이 온라인과 오프라인을 넘나들며 동참했지.

다른 나라의 여성들도 함께 연대했어. 2019년 세계 여성의 날 즈음에는 캐나다 퀘벡, 독일 베를린과 슈투트가르트, 이탈리아 로마, 스페인 바르셀로나, 프랑스, 튀르키예 등 세계 곳곳에서 히잡 강제 착용에 반대하는 여성들이 한 손에 하얀 베일을 들고 있는 사진들을 보내며 지지의 뜻을 알렸어.

# 이란 여성들이 진정으로 원했던 것은 무엇일까?

#차별의종식

#부당한차별

#사회적소수자

#문화상대주의

이란 여성들이 원하는 것은 단지 '히잡을 쓰지 않는 것'이 아니야. 그들이 원하는 것은 히잡을 쓰거나, 쓰지 않기를 '선택할 자유'야. 국가가 의무적으로 히잡을 쓰게 하는 것 자체가 여성을 억압하는 거라고 생각하는 거지. 히잡 저항 운동에는 여성 인권 문제는 물론 선택의 자유, 표현의 자유 그리고 인권을 위협하는 국가권력에 대한 저항의 의미가 담겨 있는 셈이야.

이슬람 혁명이 일어나기 전, 1936년에는 팔레비 왕조가 이슬람 여성들에게 차도르(여성의 얼굴을 뺀 나머지 부분을 모두 가린 옷. 히잡보다 여성의 몸을 더 많이 가린다)라는 이슬람 전통 의상을 입지 못하게 하자 시위가 일어나기도 했어. 이란 여성에게 옷은 종교적

127

신념이자 정체성으로서 의미를 갖기도 하거든. 그러니까 이란 여성들은 단순히 히잡이라는 이슬람 문화를 거부하는 게 아니라 선택의 자유를 원했던 거야.

지금까지 이슬람 문화 중 이란의 히잡 착용 문화에 대해 살펴봤어. 우리와 '다른' 문화에 대해 어떻게 바라보는 것이 옳은지 고민할 수 있는 시간이 되었으면 해. 문화는 그 지역의 역사와 사회 변화를 바탕으로 만들어지고 고유한 특성을 갖게 돼. 그러니 우리는 다른 문화를 존중할 줄 알아야 해. **문화 상대주의**적 관점에서 말이야. 문화가 다르다고, 이해하기 어렵다고 단순하게 비난해서는 안 돼. 하지만 어떤 문화가 인간의 존엄성을 해치고 정의와 평등의 가치에 어긋날 때는, 비판적으로 생각해 볼 필요도 있어. **극단적 문화 상대주의**에 빠지지 않도록 말이야. 인간은 어느 문화권에 살든 인간으로서의 존엄은 존중받아야 하니까.

**문화 상대주의와 극단적 문화 상대주의**

어떤 나라나 특정 문화 사람들이 살아가는 방식을 그냥 이상하다거나 틀렸다고 생각하지 않고, 그 문화의 역사나 사회 모습까지도 생각해 보면서 이해하려는 태도를 **문화 상대주의**라고 해. 다른 문화를 편견 없이 바라본다는 점에서 문화를 이해하는 올바른 태도라고 할 수 있어.

하지만 문화 상대주의를 지나치게 강조하면 인간의 존엄성, 자유 등 누구에게나 존중되어야 할 보편적인 가치를 무시하게 될 수도 있어. 이것을 **극단적 문화 상대주의**라고 해. 극단적 문화 상대주의에 빠지면 잘못된 일이 벌어지거나 인권을 침해당하는 일이 생겨도, '그냥 그 나라 문화니까 인정하자'고 넘어가는 일이 벌어질 수도 있어. 그러니 문화 상대주의적인 태도를 가지면서도 어떤 나라의 문화가 인간의 보편적인 가치와 인권을 침해하지는 않는지 잘 살펴야 해.

## 영원히 변치 않는 문화는 없어

이란 여성들의 행동을 통해 **우리가 존중해야 할 문화와 비판해야 할 문화의 기준은 무엇**인지 생각해 봤으면 좋겠어. **우리의 문화도**



'나의 은밀한 자유' 운동을 시작한
마시 알리네자드

마흐사 아미니 사망 사건 이후 2022년 11월,
이탈리아 밀라노에서도 이란 여성 인권을 지지하기 위해
집회가 열렸다.

**비판받을 가능성이 있다면 어떤 것이 있는지, 어떻게 개선해야 할
지**에 대해서도 함께 고민해 봤으면 좋겠어. 이 이야기를 통해 그
동안 어렵고 멀게만 느껴졌던 이슬람 문화에 관심을 갖고 알아가
는 시간이 되었길 바라.

사실 우리도 사회의 부당한 차별에서 자유롭지 않아. 학생으
로서, 여성으로서, 장애인이나 성소수자로서 또는 그 누군가로서
눈에 보이지 않는 크고 작은 차별을 마주하고 경험하고 있어. 우
리는 인간이라면 누구나 가질 수 있는 보편적인 가치를 누릴 자
격이 있어. 우리 사회의 모든 구성원이 인간의 존엄성과 인권이
라는 가치를 보장받고 누구도 소외되지 않도록 서로 연대하며 살
아가는 멋진 시민이 되자.

- 시민 불복종 운동의 역사적 사례를 찾아보고, 해당 운동이 시민 불복
  종 운동의 조건에 부합하는지 분석하는 마인드맵 그리기.

- 한국 내의 무슬림 인구와 주요 거주 지역, 종교 시설 및 지역 센터 등
  을 조사한 후, 공존과 포용을 위한 다문화 사회 '커뮤니티 맵핑(지역 사
  회의 자원, 문제, 관계 등을 지도로 시각화해 이해하고 해결책을 모색하는 활
  동)'하기.

- 우리 사회의 사회적 소수자 차별 사례를 찾아보고, 차별에 대한 인식
  을 개선하는 공익 광고(영상, 포스터 등) 제작하기.

# 여전히,

## #OscarSoWhite

"오스카상 수상자는(The oscar goes to)….."
어떤 작품이 호명될까? 어떤 배우가 호명될까?
2월이 되면 전 세계 영화인의 관심이 이 한마디에
집중돼. 세계적인 영화 축제 아카데미 시상식에서
수상자를 발표할 때 시작되는 문장이거든.
영화에 깊은 관심이 없어도 2020년에
영화 〈기생충〉이 아카데미상을 받았다는
뉴스는 접해 봤을 거야. 그런데 2015년에도 전 세계의
관심이 아카데미 시상식에 집중된 적이 있어.
유명한 작품이나 배우 때문이었냐고?
아니, 그해 아카데미 시상식이 너무 '하얀' 모습이었거든.

# 제게는
# 꿈이 있습니다

# 너무 '하얀' 시상식은 왜 이렇게 오래 이어졌을까?

#인종차별

#다양성

#아카데미시상식

#인권

# 다양성의 국가, 미국

현대 사회에서는 하나의 인종이나 하나의 민족으로만 구성된 국가는 찾아보기 어려워. 딱 한 나라만 말해 보라고 해도 당장 떠오르는 나라가 없을 정도지. 특히 미국은 역사적으로 다양한 인종과 민족이 함께 어울려 살아온 나라야. 미국 인구조사국에서 발표한 다양성 지수를 보면 더 자세히 알 수 있어. 다양성 지수란 "무작위로 선택한 두 사람이 서로 다른 인종이나 민족 집단에 속할 가능성"을 의미하는 말이야.

다음의 지도는 2020년 미국 각 주의 18세 이상과 18세 미만 인구의 다양성 지수에 따른 지역 분포를 보여 주고 있어. 색이 가장 진하게 칠해진 부분 보이지? 다양성 지수가 65% 이상인 곳이야.

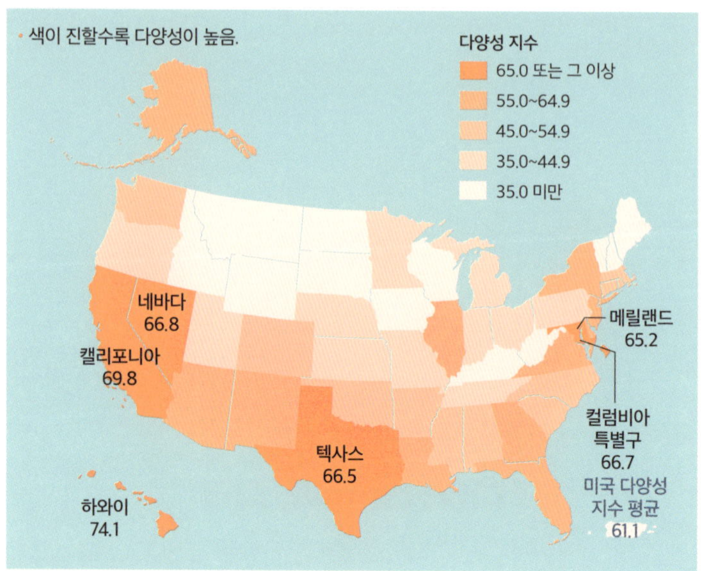


18세 이상 인구의 주별 다양성 지수

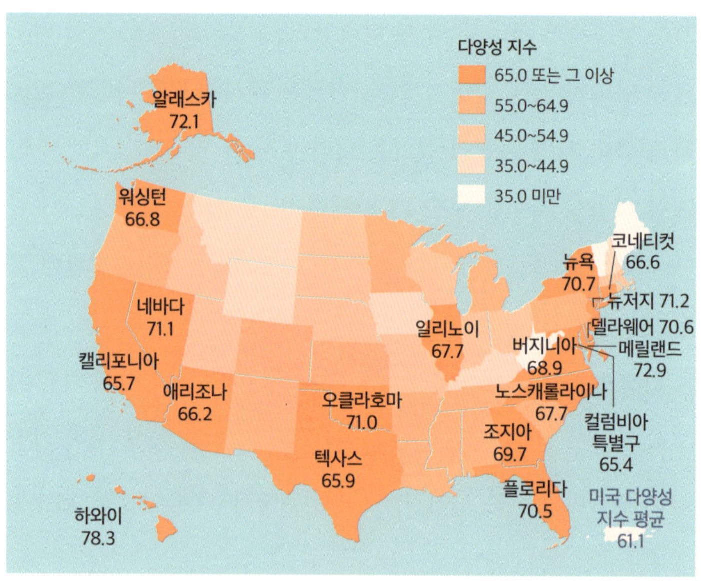


18세 미만 인구의 주별 다양성 지수

18세 이상 인구는 6개 주, 18세 미만 인구는 19개에 가까운 주가
이렇게 높은 다양성 지수를 갖고 있어.

## 또한 인종차별의 국가, 미국

미국이 다양성의 국가니까 미국 시민들은 인종, 민족, 출신지, 종
교 등과 상관없이 모두 평등하게 살아가고 있을까? 다양성이 인
정되고 모두가 평등한 관계로 사는 게 너무 당연한 거라고 생각
하겠지만, 현실에서는 이렇게 당연한 말이 지켜지기 어렵기도
해. 미국은 다양성의 역사만큼이나 인종차별의 역사도 오래 이어
졌거든.

### 미국 인종차별의 역사

1619년, 아프리카에서 강제로 끌려온 20여 명의 흑인들이 버지니
아의 제임스타운에 도착했어. 이들은 자유를 보장받지 못한 채 일만
하는 노예나 다름없이 부려졌어. 43년 후에는 '노예'라는 말이 법적
으로 인정되면서 미국의 흑인 노예제도는 공식적인 제도가 되지.

19세기 초반, 미국의 노예제도를 둘러싸고 북부와 남부 사이의 갈등
이 시작됐어. 북부 지역은 상공업이 발달해서 자유로운 신분의 노동

137

자가 필요했어. 그래서 노예제를 폐지해야 한다고 주장했지. 하지만 남부 지역은 면화 농업이 발달해 많은 노동력이 필요했거든. 그러니 남부에서는 여전히 노예가 필요하다고 외쳤지. 결국 1861년 미국은 북부와 남부로 갈라져 전쟁까지 하게 돼. 이게 바로 남북전쟁이야.

그러던 중 당시 대통령이던 에이브러햄 링컨이 '노예 해방령'을 공포하면서 노예 해방은 현실로 이뤄지기 시작했어. 하지만 링컨 대통령의 '노예 해방령'이 곧장 인종차별 없는 사회를 만든 것은 아니야.

1955년, 앨라배마주 몽고메리에서 로자 파크스Rosa Parks라는 흑인 여성이 버스 안에서 경찰에 체포되는 사건이 일어났어. 백인 승객에게 자리를 양보하라는 요구를 파크스가 거부했기 때문이야. 백인 승객에게 자리를 양보하라니, 정말 말도 안 되는 상황 같지? 그런데 파크스는 이 일로 체포된 뒤 재판까지 받았고 결국 벌금형을 선고받았어. 미국 남부 지역에는 공공장소에서 흑인과 백인을 분리하는 '짐 크로우법Jim Crow laws'이 있었거든. 이 법에 따라 버스도 백인 좌석, 흑인 좌석이 구분되어 있었던 거야.

로자 파크스가 겪은 일을 계기로 흑인 인권운동가 마틴 루터 킹 목사와 함께 몽고메리의 흑인들은 버스 승차 거부 운동을 시작했어. 그리고 1956년, 미국 연방 대법원은 버스 내 인종 분리에 대해 위헌 판결을 내리지.

이로부터 10년 후인 1965년에는 국제연합(UN)에서 인종차별 철폐

1955년, 경찰에 체포된 로자 파크스가 지문 채취를 하는 모습

협약을 채택했어. 이 협약에서는 "인종, 피부색, 가문 또는 민족이나 종족의 기원에 따른 구별, 배척, 제한 또는 우선권"을 인종차별이라고 정의했어. 그리고 이 협약에 합의한 국가들은 인종차별 행위를 하지 않을 의무를 가진다고 명시했지. 우리나라도 1979년부터 인종차별 철폐 협약의 효력이 발생한 만큼 협약의 내용을 지켜야 할 책임과 의무가 있어.

물론 미국 사회가 인종차별 문제를 그저 두고 보기만 한 것은 아니야. 차별을 없애기 위해 노력한 점도 있지. 인종차별과 전혀 관련이 없을 것 같은 무단횡단 이야기를 해 볼게. 뉴욕시는 원래 무단횡단을 하면 벌금을 부과했어. 그런데 단속 대상이 대부분 흑인이나 라틴계라는 문제가 지적됐지. 어차피 너무 많은 사람들이 무단횡단을 해서 법이 큰 효과도 없는데, 무단횡단 단속이 인종차별 수단으로 사용된다는 비판이 나온 거야. 그러자 2024년, 뉴욕시는 무단횡단을 더 이상 처벌하지 않기로 했어.

하지만 오늘날까지도 인종차별은 다양한 영역에서 알게 모르게 나타나고 있어. 심지어 문화계에서까지 말이야.

## '오스카는 너무 하얗다'

아카데미 시상식은 1929년부터 시작된 세계에서 가장 유명한 영화 시상식이야. 수상자들은 '오스카Oscar'라고 불리는 트로피를 받기 때문에 흔히 '오스카상'이라고 부르곤 해. 그런데 2015년, #OscarSoWhite(오스카는 너무 하얗다)라는 해시태그가 등장했어. 연기 부문 후보에 오른 배우들이 모두 백인이었거든. 아카데미 시상식은 2015년까지 총 87번 개최됐는데, 흑인 배우가 상을 받은 횟수는 15회뿐이었어. 매년 조금씩 다르지만, 평균적으로 시상식 한 번에 약 20~25개 부문의 시상이 진행돼. 그럼 2015년 개

아카데미 시상식에서 수상자에게 수여하는 트로피, 오스카

최된 제87회 시상식까지는 총 1800여 개 부문의 시상이 진행된 셈이지? 그중에 15회라고 생각하면 흑인 배우가 수상하는 일이 얼마나 드문 일이었는지 짐작이 될 거야.

그런데 그다음 해에도 백인 배우로만 구성된 남녀 주연상·조연상 후보 명단이 공개됐어. 이번에도 오스카는 백인만의 잔치라는 비난을 피할 수 없었지. 유명 흑인 감독과 배우들이 아카데미 시상식에 불참하겠다고 선언할 정도였다니까! 2020년에는 또 다른 세계적인 영화제, 칸 영화제와 비교되며 비판을 받기도 했어. 당시 칸 영화제는 흑인 영화감독을 심사위원장으로 임명하며 변화를 시도했거든. 그런데 아카데미 시상식에서 주요 연기상 부문 후보로 오른 흑인 배우는 딱 한 명. 결국 남녀 조연상·주연상은 모두 백인 배우가 수상했어.

이건 단순히 수상을 하는 것, 그러니까 트로피를 받고 안 받고의 문제가 아니야. 특정 인종이라는 이유로 수상 후보가 될 수 있거나 없다면, 인간이라면 누구나 보장받아야 할 **인권**을 보장받지 못하는 것이지. 그래서 백인 중심 아카데미 시상식에 대한 비판과 우려의 목소리가 커졌던 거야.

## 인권

인권은 모든 인간이 누려야 하는 기본적 권리를 뜻해. 인권은 크게 네 가지의 특징을 가지고 있는데, 바로 보편성, 천부성, 불가침성, 항구성이야.

인권은 인종, 민족, 성별, 종교 등 개인의 선천적·후천적 조건에 상관없이 모두가 가지고 있는 권리야. 이걸 **보편성**이라고 하지. 흑인이든 백인이든 어떤 인종이든 상관없이 누구나 인간으로서 존중받아야 하는 이유를 여기서 찾아볼 수 있어.

그렇다면 인권은 누가 줬을까? 신? 대통령? 틀렸어! 인권은 태어나면서부터 자연히 지니게 되는 권리야. 이걸 **천부성**이라고 해. 하늘이 부여한 권리라고 하면 기억하는 데 도움이 되겠다. 그러니까 자신의 인종이 무엇이든 누구나 태어나면서부터 당연히 자유롭고 평등하게 살아갈 권리를 갖는 거야. 그리고 너희가 가진 인권은 다른 사람에게 줄 수 없고, 침해받아서도 안 돼. 이걸 **불가침성**이라고 해. 그 어떤 인종도 다른 인종의 인권을 침해해서는 안 되는 거지. 마지막으로 인권은 어린아이 또는 어른에게만 보장되는 게 아니라 영원히 보장되는 거야. 이게 바로 **항구성**이지.

# 인종차별을 극복하기 위해 무엇을 할 수 있을까?

#사회적소수자

#DEI제도

#국제사회의협력

#인종차별철폐협약

# 오스카의 노력,
# 하지만 여전히 부족해

오스카가 지나치게 백인 중심적이라는 비판이 커지자 아카데미 시상식을 주최하는 영화 예술 과학 아카데미(Academy of Motion Picture Arts and Science)는 영화계의 인종차별이라는 지적을 받아들이고 변화하려고 노력했어. 그리고 2024년에는 다양성과 형평성, 포용성을 의미하는 DEI(Diversity 다양성, Equity 형평성, Inclusion 포용성) 규칙을 마련했지. 소수자를 보호하는 기준을 만들고, 후보 선정 과정에서 이 기준을 적용하기도 했어. 그럼에도 주요 부문 수상자는 대부분 백인이어서 여전히 비판에서 자유롭지 못했어.

그런데 이런 모순적인 상황은 2024년 이전에도 있었어. 2020년 한국 작품인 〈기생충〉이 아카데미 시상식에서 작품상을 비롯해 총 4개 부문에서 상을 받았잖아. 그때 〈기생충〉의 파격적인 수상 소식에 다들 놀라워했지. 하지만 백인이 아닌 아시아계의 수상만으로 차별이 극복되었다고 말할 수 있을까? 어느 미국 방송인은 〈기생충〉을 만든 봉준호 감독이 한국어로 수상 소감을 말했다는 이유로 이런 발언을 했어.

미국 방송인 존 밀러

다시 2024년으로 돌아와 볼까. DEI 제도가 실제로 효과가 있냐는 논란보다 더 씁쓸한 장면이 실시간으로 방송됐어. 이전 해의 남우조연상, 여우주연상 수상자가 그해 수상자에게 시상을 한다는 아카데미 시상식 관습에 따라, 이전 해 수상자인 아시아계 배우 두 사람이 수상자를 발표했거든. 그런데 수상을 한 배우들이 자신에게 트로피를 준 아시아계 배우들을 투명 인간 취급하는 듯한 행동을 하더라고. 정말 민망한 장면이었지.

아카데미 시상식이 **사회적 소수자** 차별에서 자유롭지 않다는 비판을 완전히 모른 척하는 것은 아니야. 변화를 시도하고는 있지만, 아직까지는 완벽하지 않은 만큼 앞으로 노력이 더 필요하겠지.

### 사회적 소수자

'내가 속한 집단이 이 사회에서 차별받고 있구나'라고 느낀다면? 내가 무슬림이라는 이유로 고립되고 소외된다면? 내가 아시안이라는 이유로 조롱당한다면? **사회적 소수자**는 신체적·문화적 특징이 다르다는 이유로 차별을 받고, 차별받는 집단에 자신이 포함되어 있다고 생각하는 사람들이야.

여기서 주의할 것은 사회적 소수자가 단순히 숫자가 적은 집단을 뜻하는 말은 아니라는 거야. 과거 남아프리카 공화국은 백인이 흑인보다 인구는 훨씬 적었지만, 사회적 소수자로 억압받은 집단은 흑인이었거든.

# 인종차별 문제,
# 혼자서는 해결할 수 없어

안타깝게도 영화계를 비롯해 곳곳에서 인종차별은 늘 벌어지고 있어. 하지만 이런 차별에 반대하는 국제 사회의 목소리도 늘 존재했다는 건 희망적인 부분이야. #OscarSoWhite 같은 해시태그 운동으로 개인이 목소리를 내는 것뿐만 아니라, 여러 국가들이 모두 함께 인종차별을 하지 말자는 협약을 맺기도 했으니까. 그 약속이 바로 인종차별 철폐 협약이지. 인종차별을 없애겠다는 전 세계인의 목표와 노력이 구체적으로 드러난 사례라고 볼 수 있어. 물론 협약만 만들었다고 끝나는 건 아니야. 아카데미 시상식의 DEI 규칙처럼 있으나 마나 한 협약이 되지 않으려면, 협약 내용을 실천하기 위해 계속해서 협력해야겠지?

# 우리나라는 인종차별 문제에서 자유로울까?

#인종차별TOP10

#역차별

#적극적우대조치

# 인종 평등 최악의 국가 5위,
# 대한민국

혹시 아카데미 시상식 사례를 읽으며, 인종차별은 우리나라가 아닌 외국의 문제라고 생각하고 있니? 사실 인종차별은 특정 국가만의 이야기가 아니야. 멀리 갈 것 없이, 우리나라 이야기를 해 보자. 얼마 전에 우리나라가 10위 안에 든 조사 결과가 발표된 적이 있어. 어떤 조사였을까? 기대했다면 미안해. 좋은 주제는 아니었거든. 〈US뉴스앤월드리포트US News & world report〉에 따르면 우리나라는 인종 평등에 있어 최악의 국가 5위로 선정됐어. 이 발표에 덧붙여진 우리나라에 대한 설명을 잠깐 읽어 볼까?

　"2023년 미국 국무부 분석에 따르면, 한국 내 소수 인종 및 민족은 사회적 차별을 겪고 있다. 이민자 자녀에 대한 보육 지원이 부족하고 이주민이 영주권을 취득하지 못하게 제한하는 취업허가제를 시행하는 것이 그 예다. 대구시에서는 모스크 건립 예정 부지 근처에서 일부 시민들이 돼지머리를 놓고 바비큐를 하는 등 혐오 시위를 벌였다.”

실제로 우리나라에 거주하는 외국인의 인종차별 경험이 드러난 조사 결과도 있어. 2023년 통계청에 따르면, 지난 1년간 대한민국에 체류한 외국인의 19.7%가 ‘차별 대우를 받은 경험이 있다’고 대답했대.

같은 해에 만들어진 한 어린이 영양제 회사의 광고는 인종차별 논란을 불러일으켰어. 이 광고에는 한 어린이가 어두운 피부색을 가진 어린이에게 “너희 나라로 돌아가”라고 말하는 장면이 담겼지. 많은 사람들이 인종차별적 내용이라고 지적하자 해당 회사는 사과를 하고 광고를 삭제했어. 이렇게 우리나라에서도 소수 인종과 민족이 사회적 소수자로 차별받는 일들이 일어나고 있다는 걸, 너희는 알고 있었니?

# 적극적 우대 조치,
# 차별을 없앨 수 있을까?

차별은 서로 다른 인종 사이에서만 발생하는 건 아니야. 출신 지역, 나이, 종교 등에 따라 차별 대우가 벌어지기도 하거든. 이렇게 다양한 종류의 차별이 있다니, 참 씁쓸한 일이지? 그렇다면 인종 차별뿐만 아니라 이 모든 종류의 차별을 극복하기 위한 방법은 없을까? 물론 '적극적 우대 조치'라는 제도가 있긴 해.

**적극적 우대 조치**는 사회적 소수자가 차별받는다는 것을 고려해, 입학이나 취업 등의 과정에서 사회적 소수자를 의도적으로 우대하는 제도야. 차별받는 집단은 사실상 공정한 기회를 보장받지 못했을 수 있잖아. 그래서 그들에게 먼저 기회를 제공해서 공정성을 강화하는 제도라고 할 수 있어.

사례 하나를 살펴보자. 우리나라에서는 청년 및 장애인 의무 고용 제도, 저소득층 가정 장학금 지원 등의 적극적 우대 조치가 시행되고 있어. 이 중에 장애인 의무 고용 제도가 어떻게 적용되는지 볼까? 국가 또는 지방자치단체, 직원이 50명 이상인 기업은 의무적으로 장애인을 일정 비율 이상 채용해야 해. 만약 의무를 다하지 않은 경우에는 장애인 고용부담금이 부과될 수 있어.

## 적극적 우대 조치를 둘러싼 논란

미국의 한 기업은 전체 직원의 30%를 흑인·라틴계로 채용하고, 흑인·라틴계 리더도 늘리겠다고 밝혔어. 사회적 소수자를 위한 적극적 우대 조치를 시행한 것이지.

그런데 2023년, 미국 연방 대법원이 대입 과정에서 소수 인종을 우대하는 적극적 우대 조치는 헌법에 위배된다는 판결을 내렸어. 이 영향 때문일까? 이 기업은 흑인·라틴계 우대 조치 내용을 기업 보고서에서 슬그머니 지워 버렸어.

그렇다면 미국 연방 대법원은 왜 이런 결정을 내렸을까?

적극적 우대 조치에 늘 따라다니는 역차별 논란을 생각해 보면 이해가 될지도 몰라. 역차별이란 차별받는 쪽을 보호하기 위한 제도가 너무 강해서 오히려 반대편이 차별을 받는 현상을 말해. 차별받고 소외당했던 집단에게 우선 기회를 준다는 점은 긍정적이지. 그런데 한편에서는 이렇게 우선 기회를 주는 것으로 인해 오히려 또 다른 차별이 발생할 수 있다고 우려하기도 했어.

예를 들어 미국에서 소수 인종을 우대하는 대입 제도를 운영하면, 성적이 좋은 백인·아시아계 학생이 상대적으로 성적이 낮은 흑인·히스패닉계 학생과의 경쟁에서 불리하다는 거야. 이 과정에서 아시아계 학생들은 소수 인종임에도 차별을 겪는 모순이 생기는 거지.

154

The Telegraph
Ukraine   Money   Life   Style   Trav
See all Culture
d a film as weird as
ng Everywhere All at
all th
Oscar's
인종차별 없는 세상,
우리가 만들어 나갈 수 있을까?

적극적 우대 조치를 무조건 좋은 제도라고, 또는 나쁜 제도라고 말하긴 어려워. 사회적 맥락, 역사적 배경, 문화적 관점에 따라 다양한 의견이 있을 수 있지. 너희 생각은 어때? 우리나라는 앞으로 적극적 우대 조치를 더 강화해야 할까?

## 우리의 역할은 무엇일까?



제93회 아카데미 시상식
여우조연상 수상자 윤여정

맞아, 모든 배우는 자신만의 역할을 갖고 있어. 그리고 모든 사람은 사회에서 자신만의 역할을 갖고 있지. 한 사람, 한 사람의 역할과 가치를 존중하며 사회 구성원 모두를 동등하게 바라볼 때, 평등한 세상이 만들어질 수 있는 것 아닐까? "나에게는 꿈이 있습니다(I have a dream)"(미국 인권운동가 마틴 루터 킹이 흑인과 백인이 평등하게 살아가는 세상을 이야기하며 반복적으로 외친 말)를 외치지 않아도 되는 세상 말이야.

**· 인권 언어 썸네일 제작하기**

1. SNS에서 인종·민족·성별·종교·지역 등을 이유로 특정 사람이나 집단을 차별하는 표현을 찾아본다.

2. 해당 표현이 문제가 되는 이유, 차별적 언어 확산에 대한 해결 방안 등을 주제로 토의한다.

3. 토의한 결과물을 요약해 썸네일 형식으로 표현한다.

**· 적극적 우대 조치 PMI 분석하기**

1. 다음 '적극적 우대 조치 사례' 중 한 가지를 선택한다.

✔ 장애인 의무 고용 제도  ✔ 국가장학금 지원
✔ 여성 정치 참여 할당제
✔ 청년 및 장애인 의무 공천제  ✔ 공공기관의 지역 인재 채용 목표제
✔ 기타(위에 제시된 사례 외에 새롭게 찾은 것)

2. '사회적 소수자에 대한 차별 극복' '역차별 완화'라는 두 가지 기준을 토대로, 선택한 사례의 P(Plus, 장점), M(Minus, 단점), I(Interesting, 흥미로운 점)를 분석한다.

# 빅맥 없는

## #BoycottMcDonalds

"햄버거 하나로 전 세계를 집어삼킨다!"
이 문장을 읽고 떠오르는 기업이 있니? 이 문장은
유명 패스트푸드 프랜차이즈 맥도날드에 관한 영화
〈파운더〉(2017)의 포스터 문구야. 맥도날드는 너희도
한 번쯤 이용해 봤을 거야. 그리고 어느 나라를 여행하든
쉽게 볼 수 있는 패스트푸드점이지. 그런데 2022년 3월,
SNS을 중심으로 '보이콧 맥도날드'를 외치는 사람들이
생겨났어. 보이콧이라는 말은 불매운동을 뜻하잖아.
전 세계인에게 가장 친숙한 패스트푸드점에 대한
불매운동은 왜 일어났을까? 직원의 불친절?
식재료 문제? 아니야, 놀랍게도 전쟁과 관련이 있어.

삼

# 러시아와 우크라이나는 왜 전쟁을 하게 됐을까?

#소극적평화

#적극적평화

#국제기구

#비정부기구

# 우크라이나의 꿈, 북대서양조약기구

2022년 2월, 러시아가 우크라이나를 침공했다는 기사가 온 뉴스를 도배했어. 러시아와 우크라이나 사이의 긴 전쟁이 시작된 거야. 사실 두 나라는 지리적으로 가까운 이웃 국가인데, 이웃 중에서도 정말 바로 옆에 있는 아주 가까운 나라지.

## 러시아와 우크라이나의 역사적 갈등

하지만 '지리적으로 아주 가까운 사이'라는 표현이 러시아와 우크라이나의 관계를 다 설명해 줄 수는 없어. 두 나라는 오래전부터 아주 복잡한 관계를 맺고 있었거든.

우크라이나와 그 주변국

17세기 중반 러시아와 폴란드 사이에 체결된 안드루소보 조약
(Treaty of Andrusovo, 우크라이나 지배권을 두고 13년간 이어진 러시아-폴란
드 전쟁의 휴전 협정)으로 러시아는 우크라이나 일부 지역을 가질 수 있
었어. 2014년에는 러시아가 국제법상 우크라이나 영토였던 크림반
도를 합병하며, 큰 논란이 일어나기도 했어. 크림반도는 온화한 기후
와 비옥한 농토가 펼쳐진 곳인데, 러시아가 지중해와 유럽으로 진출

하는 데 꼭 필요한 길목이기도 해.

종교적인 부분에서도 두 국가의 복잡한 관계를 짐작할 수 있어. 우크라이나에 있는 러시아 민족 중에는 러시아 정교회 신자가 많아. 하지만 우크라이나 민족의 상황은 또 다르지. 러시아와 독립된 교구의 정교회를 믿는 사람들도 있고, 가톨릭 신자의 비율도 적지 않아. 이 중 우크라이나 정교회와 러시아 정교회의 관계는 러시아-우크라이나 전쟁이 길어지면서 점점 더 멀어지고 있어.

원래 국제 사회 분쟁은 여러 나라의 관계가 얽혀 있잖아. 특히나 러시아와 우크라이나는 길고 긴 역사 속에서 언제 충돌해도 이상하지 않은 상태였어. 전쟁의 원인 역시 흰미디로 설명하기 어려울 정도로 두 나라 사이의 사정은 아주 복잡했지. 그럼에도 이것만은 놓치지 말고 주목해야 할 사건이 있어. 그건 바로 우크라이나가 북대서양조약기구(North Atlantic Treaty Organization, NATO) 회원국이 되려고 시도한 일이야.

북대서양조약기구는 **국제기구** 중 하나로, 회원국들의 영토를 보호하기 위해 만들어졌어. 2025년 7월 기준 32개국이 가입한 상태야. 과거 냉전 시대에는 소련과 서방 국가들이 팽팽하게 대립하는 분위기였잖아. 그래서 서방 국가들이 힘을 합쳐 스스로를 지키기 위해 군사동맹을 맺었는데 그게 바로 북대서양조약기구야. 이 기구에서 무엇보다 중요한 건 회원국의 자유와 안보를 지키는 거지. 일종의 집단 방어랄까? 실제로 이 집단 방어 원칙은 창립 조약의 핵심이라고 밝혔을 정도로 중요한 부분이야. 이 원칙은 회원국이 서로를 보호하고 연대하는 기준이 되고 있어. '서로를 지키고 함께 협력한다' 어때, 조화롭고 평화로운 국제 사회의 모습이 떠오르지 않니? 그런데 한쪽의 입장이 있다면 다른 쪽의 입장도 있는 법. 북대서양조약기구에 속하지 않은 국가, 특히 서양을 견제하는 나라의 입장에서는 북대서양조약기구가 존재만으로도 부담이 될 수 있어.

### 국제기구

국제기구는 여러 국가가 함께 세계 평화를 유지하거나 경제적으로 협력하기 위해 만든 조직이야. 너희도 국제기구에 가입할 수 있냐고? 아쉽지만 그건 불가능해. 국제기구는 한 개인이 가입할 수는 없고 국가(정부) 단위로만 가입할 수 있거든. 국제 사회에는 국가, 비정부 기구, 다국적 기업 등 다양한 주체들이 있는데 국제기구도 이 중 하나야. 너희가 들으면 알 만한 대표적인 국제기구로는 국제연합(UN)과 유럽연합(EU)이 있지.

2021년에 열린 북대서양조약기구 정상회담의 한 장면

# 러시아의 불안, 북대서양조약기구

우크라이나는 과거 소련(소비에트 사회주의 공화국 연방, USSR)을 구성하던 공화국 중 하나였어. 냉전 시기가 끝나면서 우크라이나는 2000년대를 전후로 서양 국가와 친밀하게 지내고자 노력했어. 북대서양조약기구 가입을 추진한 것이 그 노력 중 하나였지. 그런데 블라디미르 푸틴 러시아 대통령은 북대서양조약기구가 동쪽으로 영향력을 확장하는 걸 위협으로 생각하면서 이렇게 말하기도 했어.

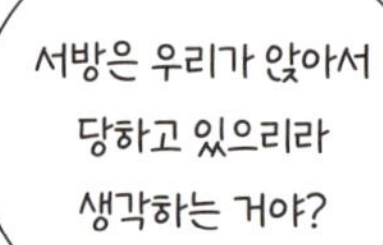

블라디미르 푸틴 러시아 대통령

러시아와 우크라이나가 지리적으로 매우 가깝잖아. 이 말은 곧 우크라이나가 북대서양조약기구에 가입하면 러시아에도 직접적으로 영향을 미칠 수 있다는 의미야. 러시아 입장에서는 자신들이 견제하는 미국이나 유럽의 군사적 조치가 너무나 가까운 곳에서 이뤄질 수 있다는 뜻이거든. 러시아가 이 전쟁을 일으킨 대표적인 이유로 우크라이나의 북대서양조약기구 가입 시도가 언급되는 이유를 이제 알겠지? 물론 전쟁을 통해 국내 결속력을 강화해서 푸틴 자신의 지지율을 높이려고 우크라이나를 침공했다는 또 다른 의견도 있어.

## 전쟁을 그냥 두고 볼 수는 없지

너희도 알다시피 전쟁은 수많은 사람의 목숨을 앗아가고 인권을 침해하잖아. 여러 국가가 밀접하게 연결된 세계화 시대에 두 나라가 전쟁을 벌인다면 정말 상상할 수 없을 정도로 많은 피해를 입을 거야. 그래서 러시아는 국제 사회에서 맹비난을 받았어. 특히 국제기구와 비정부 기구의 비판이 거세게 이어졌지.

국제 사회 분쟁에서 빠질 수 없는 기구, 바로 국제연합 이야기부터 해 볼게. 국제연합은 "러시아 연방이 우크라이나 침공을 즉각 중단하고, 모든 군대를 그 인접국에서 조건 없이 철수할 것을 요구하는 결의안"을 채택했어. 물론 이 결의안이 강제로 전쟁을 멈추게 할 수 있는 건 아니지만, 많은 국가가 찬성하면 러시아 입

2022년 3월 11일 폭격당한 우크라이나 드니프로

장에서는 외교적 부담이 생길 수밖에 없지.

또 다른 국제기구인 유럽연합은 러시아가 주권 국가를 무력으로 공격한 것이 국제법상 '침략 행위'라고 판단했어. 그래서 강도 높은 제재를 하기로 했지. 전쟁을 끝내도록 다양한 방법으로 압박하는 거야. 예를 들어 우크라이나 침공에 책임이 있는 러시아의 주요 인물들이 유럽연합 회원국의 영토에 입국하는 걸 금지시키고, 유럽연합 회원국 은행에 그들의 자산이 있다면 그 계좌도 동결하는 거야. 푸틴 대통령도 바로 그 제재 대상이야.

개인에 대한 제재만 있는 건 아니야. 유럽연합은 러시아의 경제와 산업을 약화시켜서 전쟁 자금을 만들지 못하게 하려고 수출입 제한 조치를 시행하기노 했어. 국가와 국가 사이의 무역이 경제에 큰 영향을 미치는 오늘날, 자유로운 무역을 막는다니 얼마나 강도 높은 압박인지 감이 오지? 국제 사회의 평화는 한 나라의 노력뿐만 아니라, 여러 국가가 가입한 국제기구 차원에서도 중요하게 실현되고 있다는 것을 잘 보여 주는 사례야.

비정부 기구(Non-Governmental Organization, NGO)의 역할도 주목해 볼 수 있어. 대표적으로 국제앰네스티(Amnesty International) 사례를 살펴보자. 국제앰네스티는 세계 인권 단체야. 기후 위기, 기업의 책무, 분쟁 지역의 민간인 보호 등 다양한 곳에서 인권 보호에 힘쓰고 있지. 이 기구는 러시아-우크라이나 전쟁에서

도 활약했어. 러시아군이 우크라이나의 주거지역에 의도적으로
지뢰를 묻고 떠나서 많은 민간인이 피해를 입었거든. 국제앰네스
티는 그것이 전쟁범죄에 해당한다며 강하게 경고했지. 그리고 그
곳의 지뢰를 없애기 위해서는 국제 사회의 재정적, 기술적 지원
이 필요하다고 호소했어.

## 전쟁만 끝나면 평화가 찾아올까?

국제앰네스티 같은 비정부 기구의 활동은 물리적 폭력이 없는 상
태를 말하는 **소극적 평화**를 유지하는 데 도움을 줘. 물론 국제 사
회에서 소극적 평화만 중요한 건 아니지. 소극적 평화에서 나아
가 **적극적 평화**를 이루기 위한 노력도 이야기해 줄게.

국제연합 산하기구인 유엔난민기구(United Nations High Commissioner for Refugees, UNHCR)는 우크라이나에 긴급 쉘터 키트
를 지급했어. 그리고 우크라이나 난민이 이주 국가에서 보호받을
수 있도록 지원했지. 과거에도 우크라이나 분쟁 지역에 거주하는
노인들이 힘겨운 겨울을 보내고 있다며 석탄을 지원하기도 했어.
이런 노력이 바로 적극적 평화를 실현하기 위한 움직임이야.

## 소극적 평화와 적극적 평화

'평화'라는 말을 들으면 제일 먼저 전쟁 없는 삶, 평안한 삶의 모습이 떠오르지? 그런데 평화에도 유형이 있는 것 알고 있니? 노르웨이의 요한 갈퉁Johan Galtung이라는 사회학자는 평화의 유형을 소극적 평화, 적극적 평화로 분류했어.

**소극적 평화**는 전쟁이나 범죄, 말 그대로 직접적인 폭력이 없는 상태를 의미해. 반면 **적극적 평화**는 직접적인 폭력도 없고, 구조적이고 문화적인 폭력까지도 없는 상태를 뜻하지. 이쯤에서 '도대체 구조적·문화적 폭력이 뭐야?'라는 의문이 생기겠지?

예를 들어 설명해 볼게. 만약 네가 살고 있는 사회의 빈부격차가 심해서 빈곤과 가난으로 고통받는 사람이 있다면 어떨까? 만약 특정 종교를 믿거나 믿지 않는다는 이유로 차별당하는 사람이 있다면 어떨까? 이런 사람들은 구조적이고 문화적인 폭력을 겪고 있다고 볼 수 있어. 누군가 나를 직접 공격한 것은 아니지만 불평등과 억압 역시 폭력으로 생각하는 거야. 이런 불평등과 억압까지도 없는 상태가 바로 적극적 평화에 해당돼.

# 햄버거 하나로 세계사를 바꿀 수 있을까?

#맥도날드불매운동

#소비자의영향력

#소비자주권

#윤리적소비

# 전쟁을 일으킨 나라에서
# 햄버거를 팔아도 될까?

#BoycottMcDonalds(맥도날드 불매운동)는 전쟁을 일으킨 러시아에서 운영을 계속하고 있는 맥도날드를 불매하자는 운동이야. 맥도날드는 1990년부터 30년 넘게 러시아에서 영업했어. 하지만 러시아가 우크라이나를 침공하자, 맥도날드가 러시아에서 계속 영업하는 것을 부정적으로 보는 사람들이 많아졌어. 세계적인 기업이 전쟁을 일으킨 나라에서 장사하는 게 옳지 않다는 거지. SNS에서 한 사용자는 '맥도날드가 러시아에서 영업하며 러시아에 세금을 내는 것은 우크라이나 침공을 지원하는 것'이라고 비판하기도 했어. 러시아를 비판하는 여론이 러시아에 입점한 기업

에도 영향을 미친 거야.

　불매운동 초반에는 전문가들도 맥도날드가 러시아에서 철수하기는 어렵다고 생각했어. 맥도날드 전체 매출의 약 9%가 러시아에서 발생할 정도로 러시아는 큰 시장이었거든. 너희는 평소 맥도날드를 어떻게 생각하고 있었니? 대표적인 패스트푸드 프랜차이즈, 빅맥 세트가 유명한 햄버거 가게 정도로 생각했을 수 있어. 맞아, 맥도날드는 전 세계에서 가장 유명한 기업 중 하나고 대표적인 다국적 기업이야. 그만큼 세계 자본의 흐름과 시민들의 일상생활에 많은 영향을 미치고 있어. 국가 사이의 이해관계와도 얽혀 있지.

## 우리에겐 기업을 바꿀 수 있는<br>힘이 있어

누군가는 기업은 잘못이 없다고, 기업은 자유로운 경영을 할 수 있어야 한다고 주장하기도 해. 하지만 우리가 주목해야 할 것은, 맥도날드 불매운동을 벌인 사람이 바로 소비자라는 점이야. 기업에게 가장 중요한 것은 많은 이윤을 남기는 것이지. 최근에는 그렇게 이윤을 많이 남기기 위해서, 그러니까 기업이 성장하기 위해 물건을 만들고 회사를 경영하는 과정에서 소비자의 의견을 잘 반영하는 것도 중요해졌어. 소비자가 어떤 생각과 행동을 하느냐에 따라 **소비자 주권**과 **윤리적 소비**가 실현될 수 있게 된 거지.

## 소비자 주권과 윤리적 소비

소비자 주권은 "시장에서 제품과 서비스를 사용하는 소비자가 소비라는 행위를 통해 생산자, 즉 기업이 어떠한 제품을 생산할 것인가를 결정하게 하는 힘"이야. 만약 너희가 '나는 도덕적이지 않은 회사의 상품은 사지 않을래'라고 한다면, 그게 바로 윤리적 소비를 실천하는 거야. 소비를 통해서 더 나은 사회를 만드는 셈이니까. 이런 소비자가 많아지면 기업들도 상품을 만들고 판매할 때 윤리와 책임을 중요하게 반영하겠지?

2020년 한국리서치의 설문조사 결과를 한번 살펴보자. 설문에 응답한 소비자 10명 중 6명 이상이 '제품이 좋아도 비윤리적인 기업의 제품은 구매하지 않겠다'고 응답했어. 제품의 질, 가격, 디자인뿐만 아니라 그 제품을 생산한 기업이 얼마나 윤리적인가도 구매하는 데 중요한 기준이 되고 있다는 뜻이야.

윤리적 소비가 중요해지면 기업은 생산과 경영 과정에서 무엇이 옳은 방향인지 생각하고 사회적 책임에 대해 고민하게 돼. 소

불매운동이 벌어지자 맥도날드는 2022년 5월 러시아에서 완전히 철수했다.

비자들이 자신들의 상품을 선택할지 말지를 결정하는 중요한 문제가 되니까. 국제 시장에서 아무리 영향력이 강한 다국적 기업이라도 소비자의 영향력에서 벗어날 수는 없는 거지.

맥도날드 역시 선한 영향력을 미치는 기업이 되기 위해 여러 계획들을 발표했어. 온실가스 감축, 지속 가능한 공급, 친환경 포장재 사용 및 재활용, 중증 어린이 환자와 가족을 위한 '로널드 맥도날드 하우스' 건립 후원, 직원들을 위한 일학습병행제 시행

등을 글로벌 기업으로서 앞으로 해 나가야 할 과제로 소개하고 있어.

러시아-우크라이나 전쟁 때문에 맥도날드가 러시아에서 철수하진 않을 것이라는 예측도 빗나갔어. 2022년 3월, 맥도날드는 러시아 매장을 일시적으로 폐쇄하고 영업을 중단한다고 발표했어. 같은 해 5월에는 완전한 철수를 결정했지. #BoycottMcDonalds에 담긴 소비자들의 요구가 온라인을 넘어, 실제 기업 경영에 영향을 준 거야.

다국적 기업이 윤리적인 경영을 하고 사회적 책임을 다하는 것은 우리뿐만 아니라 국제 사회 모두가 주목하는 부분이라는 걸 맥도날드의 사례를 통해 알 수 있었이. OECD는 「OECD 다국적 기업 책임경영 가이드 라인」을 만들었어. 그리고 다국적 기업이 "자신들의 기업 활동으로 영향을 받는 사람들의 국제적으로 인정된 인권을 존중해야 한다"고 명확히 밝혔지.

# 먼 나라의 전쟁이
# 너의 삶을 어떻게
# 바꿀까?

#맥도날드철수

#국제사회분쟁

#세계시민의식

## 전쟁은 모두의 삶에
## 다양한 영향을 주지

러시아-우크라이나 전쟁으로 맥도날드 불매운동이 이어졌고, 실제로 이 운동은 맥도날드가 러시아에서 철수하면서 막을 내렸지.

러시아 주민 중에는 맥도날드 철수에 강력히 반대하는 사람도 있었어. 한 주민은 모스크바의 맥도날드 매장에 자신의 몸을 묶고 영업 중단에 항의하기도 했어. 하루아침에 내가 자주 가던 식당이 없어진다고 하니 당혹스러울 만도 했을 거야. 이렇게 국가 간의 분쟁은 지역 주민들의 평범한 삶에도 영향을 미치게 돼.

전쟁 때문에 일상생활이 변화하는 건 러시아와 우크라이나에서만 일어나는 일이 아니야. 이집트, 레바논 등 러시아와 우크라이나 밀 의존도가 높은 국가는 빵 가격이 크게 올랐어. 특히 이 국가들 중에 빈곤국이 적지 않다는 점이 더욱 안타까운 일이지. 우리나라도 예외는 아니야. 러시아-우크라이나 전쟁의 영향으로 식재료 값이 오르니까 2023년 전체 물가 상승률보다 국내 빵 값의 상승률이 더 높아지기도 했어.

## 잊지 마, 우리는 세계 시민이야

국제 사회의 분쟁은 더 이상 해당 국가나 그 지역 주민들만의 일이 아닌 걸 이제 잘 알게 됐을 거야. 너희가 국제 분쟁에 관심을 기울이고, 어떻게 해결해 나갈 것인지 함께 고민해야 하는 이유도 여기에 있어. 단순히 전쟁으로 햄버거나 빵을 먹지 못하기 때문이 아니야. 전쟁은 수많은 개인의 평화롭고 일상적인 삶을 바꿔놓을 수 있기 때문이야. 그래서 우리는 **세계 시민 의식**을 키우고 국제 사회 문제를 나의 일처럼 여기며 함께 해결 방법을 고민하는 자세를 가져야 해.

러시아 모스크바에 있었던 맥도날드 전경

맥도날드의 러시아 철수 결정 이후 떼어지는 맥도날드 간판

## 세계 시민 의식

교과서에서 한 번쯤 세계 시민 의식이라는 말을 본 적이 있을 거야. 그런데 혹시 그 의미를 찾아본 적 있니? 한국민족문화대백과사전에서는 '현 시대에 자신을 세계의 시민으로 인식하고, 세계적 문제에 대해 책임감을 갖고, 다양한 문화와 배경을 가진 사람들과 더불어 살아가려는 가치와 태도'라고 정의하고 있어.

한번 상상해 보자. 러시아-우크라이나 전쟁 소식을 듣고, 누군가 '대한민국이 전쟁하는 것도 아닌데 뭐. 난 관심 없어'라고 이야기한다면, 이 사람은 세계 시민 의식을 가졌다고 볼 수 있을까? 아니겠지. 지금 우리나라에서 일어난 일이 아닐지라도 전쟁으로 인한 피해에 관심을 가지고 해결 방법을 찾아 나설 때 우리는 비로소 세계 시민이 될 수 있어.

# 내일의 태양을 함께
# 만들어 가기를

Climb these hills I'm reaching for the heights

And chasing all the lights that shine

And when they let you down

You'll get up off the ground

cause morning rolls around

And it's another day of sun


이 언덕을 올라, 난 높은 곳을 향해 나아가요

빛나는 모든 불빛을 쫓고

그들이 당신을 실망시킬 때도

당신은 다시 일어설 거예요

아침은 다시 돌아오고

또다시 새로운 태양이 떠오르니까요


- 'Another Day of Sun', 영화 〈라라랜드〉 OST


모든 세계 시민들이 각자 어디에 있든, 누구나 자신의 꿈과 평화라는 빛을 쫓아갈 수 있는 사회를 상상해 보자. 내일을 마음 편히, 마음껏 기대할 수 있는 삶이야말로 진정한 평화가 아닐까? 그리고 어쩌면 오늘 너희들의 선택 하나가 다른 사람의 내일을 위한 태양이 돼 줄지도 몰라.

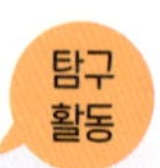


## •윤리적 소비 보고서 작성해 보기

1. 다음 표를 살펴보며, 지난 일주일간 자신이 소비한 것 중 윤리적 소비에 해당하는 것을 찾아본다.

2. 해당 소비가 기업에 미칠 영향력을 예측하는 보고서를 작성한다.

| 유형 | 특징 |
| --- | --- |
| 불매운동 | 환경이나 노동인권에 평판이 나쁜 기업의 제품 구입 거부 |
| 긍정적 구매 | 바람직한 윤리적 상품을 구입하는 것(예: 공정무역 상품, 유기농 제품, 동물실험을 하지 않은 제품, 환경 관련 마크가 부착된 상품 구입)<br>*이 대안은 윤리적 기업을 직접적으로 지원한다는 점에서 매우 중요함 |
| 충분한 검증 | 어떤 브랜드가 가장 윤리적인지 모든 기업과 상품에 대해 소비자기관의 상품 비교 정보에서 윤리적 등급을 비교 후 구매 |
| 관계적 구매 | 생활협동조합 등 생산자와 관계를 형성하는 공동체를 통한 구매 |
| 반소비주의 또는 지속 가능한 소비주의 | 환경에 오염을 일으키는 지속 불가능한 상품의 비구매, 재활용, 재사용 등 |

**· 세계 시민 의식 함양 방안 탐구하기**

1. 오른쪽 QR코드에 접속해, 세계 시민 유형을 확
   인한다.

2. 친구들과 유형을 비교한다.

3. 학급에 그 수가 적은 (또는 없는) 유형 확인 후, 보
   완 방안을 멘티미터에 작성한다.


**· 다국적 기업에 대한 토론하기**

1. 다국적 기업에 대한 불매운동 사례를 찾는다.

2. '기업의 윤리적 책임에 대한 정당한 요구인가, 기업 자율성에 대한 과
   도한 침해인가'를 주제로 토론한다.

# 만나 볼래?

## #WhoMadeMyClothes?

그런 상상을 해 본 적 있니?

누군가가 어느 날 갑자기 "반가워. 내가 네 옷을

만들었어"라고 인사를 하는 거야.

눈을 감고 그 사람의 얼굴을 떠올려 봐. 나는 장인의 느낌이

물씬 풍기는 중년의 남성이 떠올랐어. 너희는 어때?

그런데 말이야. 만약 그 사람이 너와 비슷한 또래이거나,

옷을 만들다가 공장에서 다친 모습이면 어떨까?

그가 만든 옷을 네가 입고 있다면?

네 옷을
만든 사람!
MADE
IN
who
made
my
clothes!

# 내 옷과 방글라데시 붕괴 사고가 연결되어 있다고?

#패스트패션

#다국적기업

#세계화

#국제분업

# 티셔츠에게 여권이 있다면

티셔츠 한 벌이 완성되기까지 얼마나 많은 사람의 손을 거치게 되는지 생각해 본 적 있니? 미국의 비영리 미디어 플랫폼 NPR에서 만든 〈플래닛 머니Planet Money〉라는 영상이 있어. 이 영상을 보면 미국 위스콘신에서 목화 종자를 개발하는 사람, 미국 남부 미시시피의 목화 재배 농장에서 일하는 사람, 방글라데시에서 옷을 봉제하는 사람, 미국 브루클린에서 원단 프린팅하는 사람, 남미의 콜롬비아 부두에서 제품 운송 일을 하는 사람 들을 통해 티셔츠가 우리에게 오게 된다는 걸 알 수 있어. 티셔츠가 너희보다 여행을 더 많이 했겠다고? 맞아. 만약 티셔츠에게 여권이 있다면 도장이 잔뜩 찍혀 있을 거야!

| Part 1:<br>Cotton<br>(목화) | Part 2:<br>Machines<br>(기계) | Part 3:<br>People<br>(사람) | Part 4:<br>Boxes<br>(상자) | Part 5:<br>You<br>(너희에게) |
|---|---|---|---|---|
| 2분 33초 | 1분 34초 | 6분 22초 | 1분 38초 | 1분 40초 |

이 과정을 영상으로 보고 싶다면 위의 QR코드로 접속해서 한글 자막을 설정해 봐. 지금부터 우리가 살펴볼 이야기는 Part 3 영상에 자세히 나와. **방글라데시**에 있는 옷 공장 사람들. 여기에서 이야기를 시작해 볼게.

### 방글라데시

방글라데시는 인도의 북동부에 있는 나라야. 인도는 1858년부터 1947년까지 89년간 영국의 식민지였거든. 그때는 방글라데시가 인도의 일부였어. 인도가 영국에서 독립하면서 방글라데시는 인도에서 분리되어 파키스탄이라는 나라에 속하게 됐어.

지금의 방글라데시는 동파키스탄이었는데, 서쪽에 있는 파키스탄과는 서로 인종도, 언어도, 경제적 상황도 많이 달랐지. 그러니 파키스탄에서 독립하기 위해서는 인도의 도움을 받아 전쟁을 해야만 했어. 결국 1971년에 전쟁에서 이기고 서쪽에 있는 파키스탄에서 독립하고 나서 방글라데시라는 나라가 됐지. 방글라데시의 역사도 복잡하지?

## 방글라데시의 자연환경과 인문환경

방글라데시는 남아시아의 벵골만에 접해 있는 나라야. 국토의 대부분이 갠지스강과 브라마푸트라강이 만들어 낸 저지대 평야로 이루어져 있어. 그래서 땅이 비옥하고 벼농사를 짓기 좋지만, 매년 여름 몬순(계절마다 바람이 부는 방향과 강수량이 크게 달라지는 현상)과 함께 홍수나 사이클론 같은 자연재해가 자주 발생하지. 열대 몬순 기후에 속해서 연평균 강수량이 많고 고온다습한 날씨가 특징이야.

방글라데시의 공용어는 벵골어이고, 인구의 대부분이 벵갈인이야. 그래서 언어와 민족이 하나라는 동질성과 자부심이 아주 강해. 이슬람교는 국민 대다수가 믿는 종교이면서 국교이기도 해.

수도인 다카Dhaka는 세계에서 인구 밀도가 가장 높은 도시 중 하나야. 문제는 도시 기반 시설에 비해 인구가 너무 많아서 주거·교육·위생 문제가 심각하다는 거야. 방글라데시의 경제는 의류 산업을 중심으로 한 수출에 의존하고 있는데, 저임금 노동력이 이러한 산업을 이끌어 가고 있어.

인도 아대륙 지역

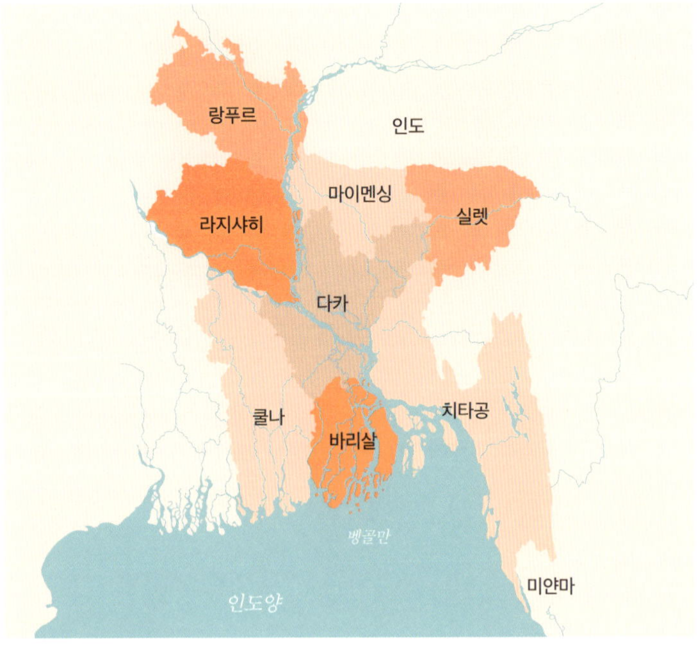


방글라데시 행정구역

# 의류 생산 세계 2위의 그림자, 라나 플라자

2013년 4월 24일, 방글라데시의 수도 다카에서 '라나 플라자'라는 8층 건물이 무너졌어. 공장에 있던 1134명이 사망하고 2500명 정도가 부상을 당했지. 희생자 중에는 10대도 많이 포함돼 있었어. 건물에는 이미 무게를 견딜 수 없을 만큼 많은 사람과 기계가 가득했고, 4층이었던 건물을 불법으로 9층까지 증축하다가 결국 무너져 버린 거야. 이 사고는 역사상 가장 비극적인 의류공장 재해로 손꼽히기도 해.

라나 플라자 건물의 의류공장에서는 20개가 넘는 다국적 패션 브랜드의 옷이 만들어지고 있었어. 스페인, 스웨덴, 미국, 아일랜드 등 다른 나라의 패션 기업은 왜 방글라데시까지 와서 옷을 만들었던 걸까?

바로 돈 때문이야. 패션 기업은 저렴한 비용으로 옷을 만들 수 있는 나라를 찾거든. 방글라데시는 세계에서 두 번째로 옷을 많이 생산하는 국가야. 1등은 중국이고. 다국적 패션 기업은 방글라데시의 옷 공장에 생산을 맡기고, 적은 돈을 받고 일하는 사람들 덕에 비용을 줄이게 되었지. 불법으로 개조한 좁은 공간에서, 10대 아이들까지 고용하면서 말이야.

붕괴 이전의 라나 플라자 건물

붕괴된 라나 플라자 건물

# 빨리 빨리! 싸게 싸게! 패스트패션

패스트패션fast fashion이라는 말을 들어 본 적 있니? 혹시 못 들어 봤다면, 패스트푸드fast food는 들어 봤지?

패스트패션은 패스트푸드처럼 최신 유행을 따라 빠르게 옷을 만들어서 파는 산업을 의미해. **세계화**와 **국제 분업**의 발달로 가능해진 일이지. 하지만 매 시즌 유행을 반영한 옷이 너무 많이 생산되고, 유행이 지난 옷들은 금방 버려지는 경우가 많아. 패스트패션 때문에 안 그래도 많은 의류 폐기물이 더 많아지고 있어.

의류 폐기물 대부분은 분해되는 데 수십 년이 걸리는 폴리에스터, 나일론과 같은 합성 섬유야. 여기서 나오는 미세플라스틱도 강과 바다로 흘러가 해양 오염을 일으키고, 결국은 인간에게도 영향을 미치지. 화려한 색상의 옷을 만들기 위한 염색 과정에서는 많은 물과 함께 염료, 중금속, 독성 화학물질을 쓰기도 해. 이런 물이 제대로 정화되지 않고 하천으로 흘러 들어가 지역 주민들의 식수와 농경지가 오염되는 일도 많아. 이처럼 패스트패션은 환경 오염을 유발한다는 비판을 받고 있어.

## 세계화와 국제 분업

옛날에는 한 국가에서 다른 국가로 재화(물건), 서비스, 자본, 노동, 아이디어가 자유롭게 오고 가기가 어려웠거든. 그런데 교통과 통신이 발달하면서 전 세계가 하나의 나라처럼 가까워졌어. 마음만 먹으면 해외에 있는 동료와 회의하거나, 한국에서 미국으로 하루 만에 항공 택배를 보내거나, 돈까지 자유롭게 보낼 수 있게 된 거지.

이런 세계화로 인해 제품 생산 방식에도 변화가 생겼어. 바로 **국제 분업**이 시작된 거야. '분업'은 물건을 생산하는 과정을 몇 개의 부분으로 나누고 각자 맡은 일을 분담해 완성하는 것을 말해. '국제 분업'도 비슷하다고 생각하면 돼. 한 국가가 자신에게 더 유리한 것을 선택해 만들어 수출하고, 불리한 것은 다른 국가에서 수입하며 서로 분담해 무역하는 형태를 의미하지. 어떤 나라는 쌀을 수출하고 텔레비전을 수입하고, 어떤 나라는 텔레비전을 수출하고 쌀을 수입하는 것처럼 분업이 국제화된 거야.

그런데 최근에는 새로운 국제 분업의 형태가 나타나고 있어. 스페인의 자라, 스웨덴의 H&M, 일본의 유니클로, 미국의 갭과 같은 다국적 기업들이 본사에서는 경영 전략을 세우거나 기술과 디자인만 개발하는 거야. 대신 전문 기술이 필요하지 않은 단순 생산 업무는 인건비가 저렴한 중국, 방글라데시와 같은 나라에서 진행하며 비용을 아끼는 거지.

196

패스트패션의 특징 중 하나는 바로 저렴한 가격이야. 저렴한 가격으로 옷을 생산하려면 생산비가 낮아야겠지. 그래서 다국적 패션 기업들은 방글라데시와 같이 저렴한 인건비로 옷을 만들어 주는 개발도상국(선진국에 비해 경제 개발 정도와 평균 생활 수준이 낮은 국가)을 찾게 되지. 개발도상국의 노동자들은 생계를 유지하기에는 턱없이 부족한 월급을 받으면서 빠르게 옷을 만들기 위해 아주 오랜 시간 동안 일을 하게 돼.

일하는 장소는 과연 안전할까? 기업들은 비용을 줄이기 위해 환기 시설과 화재 위험 경고 장치를 설치하지 않고 안전 기준도 지키지 않는 경우가 많아. 저렴한 옷을 생산하기 위해서 열악한 작업 환경과 노동 착취에는 눈을 감는 불공정한 구조가 된 거지.

이렇게 패스트패션 산업이 만들어 내는 환경 문제와 노동 문

라나 플라자 의류공장에서 옷을 만들고 있던 다국적 패스트패션 브랜드

우리는 윤리적인 패션을
추구할 수 있을까?

제를 비판하며 패스트패션에 반대하는 세계 시민들이 늘어나고 있어. 유행을 따르지 않는 친환경적이고 윤리적인 패션을 추구하는 슬로패션slow fashion이 등장하기도 했지.

# 정당하게 만들고 행복하게 입을 수 있는 옷은 없을까?

# 누가 내 옷을 만들었나요?

"아무 생각 없이 산 옷이 이토록 열악한 환경에서 만들어졌다고?!"

라나 플라자 붕괴 사고로 전 세계 많은 사람들은 큰 충격을 받았어. 이전에는 디자인과 가격, 브랜드만 보고 옷을 샀잖아. 그런데 내가 입는 옷을 누가, 어떻게 만들었는지 알아야 한다는 책임감이 생기게 된 거야. 제대로 된 월급을 주지 않으면서, 좁고 환기도 되지 않는 열악한 환경에서 아이들을 부려 만든 옷은 아닌지, 오염 물질을 쏟아 내는 공장에서 만든 건 아닌지 관심을 가지면서 옷을 사야 한다는 거지.

사람들은 자기가 입은 옷의 상표를 찍어서 **#WhoMadeMy-Clothes?**(누가 내 옷을 만들었나요?)라는 해시태그를 달아 SNS에

#WhoMadeMyClothes 해시태그를 든 사람들

올리기 시작했어. 이 캠페인은 라나 플라자 붕괴 사고 이후 세워진 '패션 혁명(Fashion Revolution)'이라는 **비정부 기구**에 의해 시작됐어. 우리가 매일 입는 옷이 어디에서, 어떻게 만들어졌는지 관심을 가지게 된다면 옷을 만드는 사람들이 일하는 환경을 나아지게 할 수 있을 테니까. 2018년도에는 이 해시태그 캠페인에 2억 7500만 명이 참여하며 큰 영향력을 발휘하게 됐어.

## 비정부 기구

법원, 국회, 경찰청, 교육부와 같은 기관을 들어 본 적 있지? 이런 기관은 정부에서 세금으로 운영하는 국가기관이야. 비정부 기구는 정부에서 운영하시 않아. 시민들이 지발적으로 모여 설립하고 운영하는 조직이야. 돈을 버는 게 목적이 아니기 때문에 이윤을 추구하지 않고, 인권, 환경, 보건과 같은 공익을 추구하지. 비정부 기구는 여러 국가에서 활동하면서 전 세계에 영향을 주기도 해. 인터넷에서 '국경 없는의사회' '그린피스' '해비타트'를 검색해 봐. 이들이 대표적인 국제 비정부 기구거든.

# 내가 당신의 옷을 만들었어요

이 캠페인은 옷을 산 사람이 #WhoMadeMyClothes 해시태그를 올리는 것으로 끝나지 않았어. 그 브랜드의 옷을 만든 사람들이 **#ImadeYourClothes(내가 당신의 옷을 만들었어요)**라는 문구를 적어서 답장하기 시작했거든. 내가 입은 옷을 만든 사람들의 얼굴을 직접 확인할 수 있게 된 거야. 옷을 만드는 사람들이 상상 속에서 걸어 나온 거지.

캠페인을 이끈 사람들은 기업이 생산 정보를 투명하게 공개해야 한다고 주장했어. 노동자를 위험에 빠뜨리지 않고, 정당한 임금을 지급하고, 환경을 보존하고자 하는 책임감을 가져야 한다는 거지. 소비자는 가격과 디자인만 생각하는 게 아니라 옷의 생산 과정이나 환경 오염도 고민하며 물건을 사야 한다는 거야. 이 해시태그 운동은 지속 가능하고 윤리적인 패션의 중요성을 알리는 데 중요한 역할을 했어.

# 기업의 변화와 패션 투명성 지수

한국에서도 #WhoMadeMyClothes 캠페인에 참여하면서 지속

가능하고 윤리적인 노력에 관심을 가지는 패션 기업들이 있어. 플라스틱 프리(플라스틱 합성 섬유와 플라스틱 소재의 지퍼, 단추, 장식 없이 디자인하는 것)와 비건(가죽, 털, 실크, 울 등 동물성 섬유와 부자재를 사용하지 않는 것)을 지향하는 기업도 생기기 시작했어. 이러한 기업들은 **지속 가능한 발전**을 추구하고 있지.

### 지속 가능한 발전

발전은 이전보다 더 좋은 상태나 높은 단계로 나아가는 거야. 지금까지 발전은 주로 경제적으로 성장하는 것을 의미했어. 더 많이 생산할 수 있거나 이윤을 많이 남길 수만 있다면, 석유 같은 한정된 자원을 무분별하게 쓰고 아마존 삼림 같은 환경을 훼손하는 것도 신경 쓰지

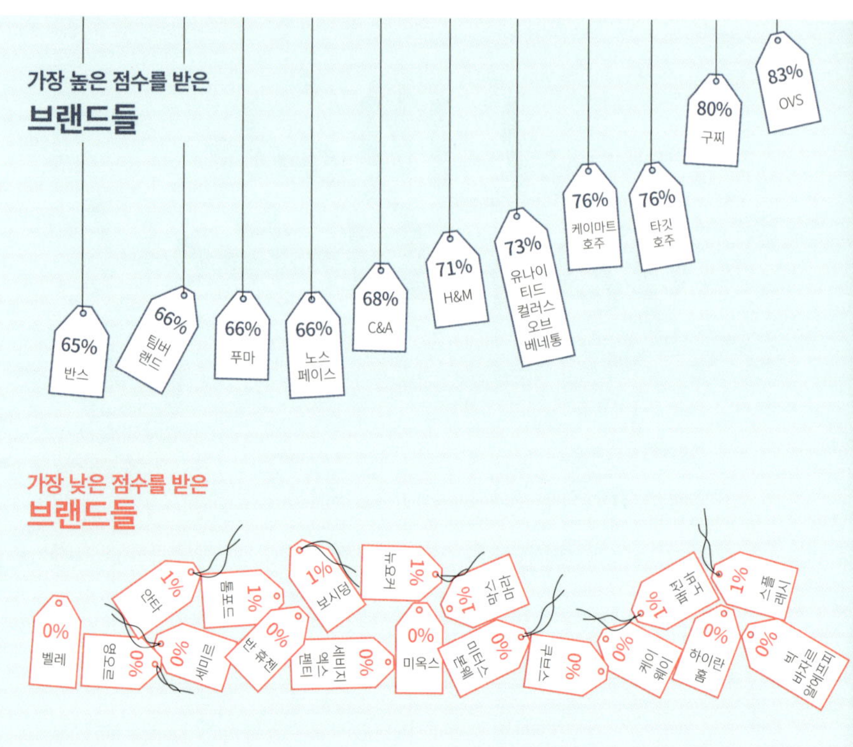


브랜드별 패션 투명성 지수(2023년)

않았던 거야.

지속 가능한 발전은 1987년에 처음 등장한 용어인데, 경제 성장뿐 아니라 미래 사회와 환경도 중요하게 생각하는 발전을 의미해. 우리가 미래 사회와 후손을 생각하면서, 개발을 하더라도 환경과 자연 자원을 보호해야 한다는 뜻이야.

사실 우리는 일상적으로 쓰는 물건들이 어디서, 어떻게 만들어졌는지 잘 알지 못해. 기업에서 정보를 공개하지 않거든. #WhoMadeMyClothes 해시태그 운동 이후에는 옷이 어떻게 생산되고 있는지 알려 주는 다국적 패션 기업들이 조금씩 늘고 있어. 패션 혁명 단체는 2017년도부터 패션 투명성 지수(Fashion Transparency Index)를 발표하고 있어. 패션 기업들에게 공급업체 목록, 생산량, 폐기물량, 삼림 벌채 정보, 물 발자국 정보, 재생 에너지 활용, 노동자에게 주는 임금과 권리 보장 정도 등의 정보를 투명하게 밝히도록 요구해서 패션 투명성 지수에 반영하는 거야. 이 옷이 어떻게 만들어지는지 모든 정보를 공개해야 한다면, 기업들도 책임감 있는 행동을 하게 될 테니까.

## 제2의 '라나 플라자'가 없도록

기업은 생산 과정 정보를 공개하고 싶지 않을 거야. 적은 비용으로 옷을 만들어서 많은 수익을 가져가려면, 환경 보호도, 노동자 인권도 전혀 신경 쓰고 싶지 않을 테니까. 우리가 다른 건 살펴보지 않고 저렴한 옷만 산다면, 기업은 옷의 가격을 낮추는 데만 신경 쓰겠지. 그럼 방글라데시 '라나 플라자' 같이 열악하고 위험한 공장에서 일하는 사람들은 사라지지 않을 거야. 그러니까 우리의 행동 변화가 필요해. 기업이 노동자의 인권을 존중하고 환경을 보호하는지 계속해서 관심을 갖고, 우리가 그런 기업의 물건을 산다면 제2의 라나 플라자 같은 일은 다시 벌어지지 않을 거야.

- 유튜브 한글 자막을 이용해 <플래닛 머니Planet Money> 다큐멘터리 영상을 Part 1~5까지 시청한 후(전체 13분 30초), KWL 차트(이미 알고 있었던 부분, 더 알고 싶은 부분, 새롭게 알게 된 부분) 감상문 작성하기.

- 책임 있는 소비, 윤리적 소비의 측면에서 우리 가족 혹은 친구들의 의류 소비 행태(구매 빈도, 주요 이용 브랜드, 가격, 고려하는 요소 등)를 설문 조사하고 변화가 필요한 부분 찾기.

- 집에 있는 의류 가운데 가장 마음에 드는 브랜드 옷의 라벨을 확인해 해시태그 #WhoMadeMyClothes와 함께 SNS에 업로드하고, #IMadeYourClothes 해시태그가 붙은 게시물 확인하기.

- 패스트패션이 사회, 환경, 동물에 미치는 영향을 조사하고 보고서 쓰기.


**함께 볼 만한 다큐멘터리**

- 제목: 내 운동화는 몇 명인가

- 발표 연도: 2018년도

- 제작: EBS 다큐프라임

• 내용: 운동화의 원재료부터 최종 유통까지 생산 과정에서 보이지 않았던 '사람'의 이야기를 전한다. 한 켤레의 운동화가 당신에게 오기까지 어떤 여정이 펼쳐질까? 말레이시아에서 뱀과 모기와 싸우며 고무나무 수액을 채취하는 할아버지부터, 구토가 날 만큼 심한 악취 속에서도 꿈을 키우는 고무공장의 20대 청춘, 평생 신발을 만든다는 자부심 하나로 손바닥이 상처투성이가 돼 버린 슬로바키아의 운동화 공장 할아버지, 그리고 결혼한 지 한 달 만에 컨테이너선에 오른 항해사에 이르기까지. 운동화는 세계 각지에서 수많은 사람의 손과 손을 거쳐 당신에게 전달된다.

**1. 아프리카 Z세대 이야기**
#RejectFinanceBill2024

[10통사1-02-02] 행복한 삶을 실현하기 위한 조건으로 질 높은 정주 환경의 조성, 경제적 안정, 민주주의 발전 및 도덕적 실천의 필요성에 관해 탐구한다.

[10통사2-05-01] 세계의 인구 분포와 구조 등에 대한 이해를 토대로 현재와 미래의 인구 문제 양상을 파악하고, 그 해결 방안을 제안한다.

**2. 메가 파이어, 환경운동의 불씨로!**
#PrayForAustralia

[10통사1-03-01] 자연환경이 인간의 생활에 미치는 영향에 관한 과거와 현재의 사례를 조사하여 분석하고, 안전하고 쾌적한 환경에서 살아가는 것이 시민의 권리임을 주장한다.

[10통사1-03-02] 자연에 대한 인간의 다양한 관점을 사례를 통해 비교하고, 인간과 자연의 바람직한 관계를 제안한다.

[10통사1-03-03] 환경 문제 해결을 위한 정부, 시민사회, 기업 등의 다양한 노력을 조사하고, 생태시민으로서 실천 방안을 모색한다.

## 3. 초대받지 못한 손님
#RefugeesWelcome

[10통사1-02-02] 행복한 삶을 실현하기 위한 조건으로 질 높은 정주 환경의 조성, 경제적 안정, 민주주의 발전 및 도덕적 실천의 필요성에 관해 탐구한다.

[10통사1-04-03] 문화적 차이에 대한 상대주의적 태도의 필요성을 이해하고, 보편 윤리의 차원에서 자문화와 타문화를 평가한다.

[10통사2-01-03] 사회적 소수자 차별, 청소년 노동권 등 국내 인권 문제와 인권지수를 통해 확인할 수 있는 세계 인권 문제의 양상을 조사하고, 이에 대한 해결 방안을 모색한다.

[10통사2-04-01] 세계화의 다양한 양상을 살펴보고, 세계화 시대의 문제점과 그에 대한 해결 방안을 제안한다.


## 4. 디지털 이별: 페이스북 이제 우리 헤어져
#DeleteFacebook

[10통사1-05-01] 산업화, 도시화로 인해 나타난 생활공간과 생활양식의 변화 양상을 조사하고, 이에 따른 문제점의 해결 방안을 제안한다.

[10통사1-05-02] 교통·통신 및 과학기술의 발달과 함께 나타난 생활공간과 생활양식의 변화 양상을 조사하고, 이에 따른 문제점의 해결 방안을 제안한다.


## 5. '나의 은밀한 자유'를 외치다
#MyStealthyFreedom

[10통사1-04-03] 문화적 차이에 대한 상대주의적 태도의 필요성을 이해하고, 보편 윤리의 차원에서 자문화와 타문화를 평가한다.

[10통사2-01-02] 인간 존엄성 실현과 인권 보장을 위한 헌법의 역할을 파악하고, 시민의 권익을 보호하기 위한 다양한 시민 참여의 방안을 탐구하고 이를 실천한다.

[10통사2-02-03] 사회 및 공간 불평등 현상의 사례를 조사하고, 정의로운 사회를 만들기 위한 다양한 제도와 시민으로서의 실천 방안을 제안한다.

## 6. 여전히, 제게는 꿈이 있습니다
#OscarSoWhite

[10통사2-01-03] 사회적 소수자 차별, 청소년의 노동권 등 국내 인권 문제와
인권지수를 통해 확인할 수 있는 세계 인권 문제의 양상을 조사하고, 이에 대한 해결
방안을 모색한다.

[10통사2-02-03] 사회 및 공간 불평등 현상의 사례를 조사하고, 정의로운 사회를
만들기 위한 다양한 제도와 시민으로서의 실천 방안을 제안한다.


## 7. 빅맥 없는 삶
#BoycottMcDonalds

[10통사2-03-02] 합리적 선택의 의미와 그 한계를 파악하고, 지속가능발전을 위해
요청되는 정부, 기업가, 노동자, 소비자의 바람직한 역할과 책임에 관해 탐구한다.

[10통사2-04-02] 평화의 관점에서 국제 사회의 갈등과 협력의 사례를 조사하고, 세계
평화를 위한 행위 주체의 바람직한 역할을 탐색한다.


## 8. 만나 볼래? 네 옷을 만든 사람!
#WhoMadeMyClothes?

[10통사2-03-04] 자원, 노동, 자본의 지역 분포에 따른 국제 분업과 무역의 필요성을
이해하고, 지속가능발전에 기여하는 국제무역의 방안을 탐색한다.

[10통사2-04-01] 세계화의 다양한 양상을 살펴보고, 세계화 시대의 문제점과 그에
대한 해결 방안을 제안한다.

# 참고자료

### 1. 아프리카 Z세대 이야기

동아일보, 아프리카 Z세대, 들고 일어나다…케냐가 촉발한 시위 물결 (2024.08.18)
https://www.donga.com/news/Economy/article/all/20240814/126524510/1

동아일보, "2050년 전세계 젊은층 3명 중 1명은 아프리카人" (2023.10.30)
https://www.donga.com/news/article/all/20231030/121930267/1

세계 각국의 국가 평균 연령
https://www.worlddata.info/average-age.php

한국일보, 케냐의 'Z세대'와 아프리카 청년 (2024.08.13)
https://www.hankookilbo.com/News/Read/A2024081209560005606?did=NA

이승호·강문수(2022). 중남미와 아프리카에서 중국의 경제협력: 특성 및 파급효과 비교.
세계지역전략연구, 21(1). 대외경제정책연구원.

김유아(2021), 《나의 첫 아프리카 수업 - 아프리카 있는 그대로 바라보기》,
초록비책공방.

EconoTimes, 케냐, 대규모 부채 상환 자금 고갈 위기 어떻게 피할까 (2024.09.19)
https://www.econotimes.com/----------1687713

## 2. 메가 파이어, 환경운동의 불씨로!

연합뉴스, 6개월 이어진 '블랙 서머' 이후 최악 호주 산불에 3만명 대피령 (2024.02.27)
https://www.yna.co.kr/view/AKR20240227145600104

한겨레, 호주 산불 희생 230명 이를 듯 (2009.02.09)
https://n.news.naver.com/mnews/article/028/0001985141

연합뉴스, 호주 산불에 코알라 '기능적 멸종' 직면…서식지 80% 불타 (2019.11.24)
https://www.yna.co.kr/view/AKR20191124050600009

경향신문, "이건 아마겟돈"…'기후 재앙' 호주 산불, '기후 자살'은 아닐까 (2020.01.10)
https://www.khan.co.kr/article/202001101806001

한겨레21, 호주 산불은 '기후 재앙' (2020.01.13)
https://h21.hani.co.kr/arti/world/world_general/48100.html

kbs뉴스, 최악의 호주 산불 이산화탄소 4억톤 배출…'되먹임 효과'도 우려 (2020.01.15)
https://news.kbs.co.kr/news/pc/view/view.do?ncd=4362627ref=A

YTN, 우주에서 바라본 호주 대형 산불 모습…화재 연기 자욱 (2020.01.03)
 https://www.ytn.co.kr/_ln/0104_202001031750063420

코알라를 위한 기부 페이지(고펀드미닷컴)
https://www.gofundme.com/f/help-thirsty-koalas-devastated-by-recent-fires

단대신문, 신인류의 탄생, 생태 시민의 시대가 온다 (2022.05.31)
http://dknews.dankook.ac.kr/news/articleView.html?idxno=18386


## 3. 초대받지 못한 손님

Reuters, *Kurds say they will push for federal system in post-Assad Syria* (April 10, 2025)
https://www.reuters.com/world/middle-east/kurds-push-federal-system-post-assad-syria-2025-04-10/?utm_source=chatgpt.com

부형욱(2015). 유럽의 난민사태 현황과 한반도에서의 시사점. 한국국방연구원

동북아안보정세분석. 2015.09.08

YTN, 유럽, 난민 대책 비상…그리스, 국제사회 지원 호소 (2015.08.08)
https://www.ytn.co.kr/_ln/0104_201508082054037057

한국일보, 독일·스웨덴의 힘겨운 난민 포용 노력 (2015.10.04)
https://www.hankookilbo.com/News/Read/201510041413841301

조선일보, 전세계 난민 6850만명… 2차대전 난민보다 많다 (2018.06.20)
https://www.chosun.com/site/data/html_dir/2018/06/20/2018062000127.html

미래한국, 무슬림 대공세로 위기에 처한 유럽 (2016.04.04)
https://www.futurekorea.co.kr/news/articleView.html?idxno=31457

머니투데이, [팩트체크] 무슬림의 '범죄 공포'…오해와 진실은? (2018.06.28)
https://news.mt.co.kr/mtview.php?no=2018062315092586601

유엔난민기구 공식블로그, [유엔난민기구] 2015년 유럽 난민 사태, 일곱 가지 상처와
희망의 기록들 (2016.01.13)
https://blog.naver.com/unhcr_korea/220596194832

서울경제, "제2의 쿠르디 막자" 힘 모으는 지구촌 (2015.09.06)
https://n.news.naver.com/mnews/article/011/0002735268?sid=104

뉴스펭귄, 작년 기후난민, 전쟁난민보다 많다 (2023.05.12)
https://www.newspenguin.com/news/articleView.html?idxno=14100

파이낸셜뉴스, 독일 '묻지마 난민 수용' 폐기 유럽 각국 포용서 통제로 U턴 (2015.11.12)
https://www.fnnews.com/news/201511121036349446

뉴시스, [종합] 오스트리아·슬로베니아, 난민 장벽 설치 시사…'까다로운' 난민 수용
(2015.10.29)
https://www.newsis.com/ar_detail/view.htmlar_id=NISX20151029_0010379738cl
D=10101pID=10100

SBS뉴스, "IS대원이 난민 둔갑했다" 발칵…알고 보니 IS와 싸운 반군 (2015.09.09)
https://news.sbs.co.kr/news/endPage.do?news_id=N1003162422plink=ORIcoop
er=NAVER

시사IN, 난민의 탈을 쓰고 IS 전사들이 뛴다 (2016.12.07)
https://www.sisain.co.kr/news/articleView.html?idxno=27723

충청일보, 독일, 올해 난민 대상 외국인 증오 범죄 3600건 발생 (2015.12.22)
https://www.ccdailynews.com/news/articleView.html?idxno=850384

연합뉴스, 유엔, 난민 보트전복에 "비극 재발 막아야…인신매매 단속필요" (2023.06.16)
https://www.yna.co.kr/view/AKR20230616162300088

컨선월드와이드, 세계 난민 위기 총정리: 원인부터 문제점, 해결책까지 (2022.06.20)
https://concern.or.kr/437

경향신문, 열악한 난민 캠프, 극단주의 현상까지…시리아에서 'IS 2.0'이 자란다
(2022.07.20)
https://www.khan.co.kr/article/202207201542001

서울신문, 독일 反이민 강화…'EU 통합' 위한 '셍겐 원칙' 도미노처럼 무너질까
(2024.09.16)
https://www.seoul.co.kr/news/international/2024/09/16/20240916500007?wlog
_tag3=naver

오마이뉴스, 극우 부활 조짐…특히 독일이 심상치 않다 (2020.09.14)
https://www.ohmynews.com/NWS_Web/View/
at_pg.aspx?CNTN_CD=A0002673505

난민인권센터, [기고글] 한국의 난민법은 어떻게 가고 있을까 (2024.07.13)
https://nancen.org/416283

법무부 보도자료, 난민 제도 시행 30년, 누적 난민신청 12만 건 상회 (2025.02.03)
https://www.immigration.go.kr/bbs/moj/182/591564/artclView.do

연합뉴스, [난민법 10년] "문턱 낮춰 더 받자" vs "지금도 많아" (2022.02.10)
https://www.yna.co.kr/view/AKR20220128104500371

법무부(2024) 출입국 통계
https://www.moj.go.kr/moj/2417/subview.do

YTN, 낮은 인정률에 인프라 부족까지…한국에선 여전히 높은 난민의 벽 (2022.06.20)

https://www.ytn.co.kr/_ln/0103_202206201702146564

머니투데이, [더그래픽] 한국에서 난민 인정받기, 로또보다 어렵다? (2025.03.01)
https://news.mt.co.kr/mtview.php?no=2025022613272879501

뉴스투데이, [핫이슈] 제주도 '예멘 난민' 반대 촛불 시위의 7가지 이유 (2018.06.26)
https://www.news2day.co.kr/106189

머니투데이, [MT리포트] 난민 공포 vs 인류애…'딜레마' 빠진 대한민국 (2018.06.21)
https://news.mt.co.kr/mtview.php?no=2018062018210022030

공익법센터 어필, 해외로 망명한 독립운동가들, 이들은 '난민'이었다?! (2014.08.15)
https://apil.or.kr/news/7612


## 4. 디지털 이별: 페이스북 이제 우리 헤어져

wired, *how black lives matter uses social media to fight the power* (November 2015)
https://www.wired.com/2015/10/how-black-lives-matter-uses-social-media-to-fight-the-power

The Washington Post, *All the ways Trump's campaign was aided by Facebook, ranked by importance* (March 22, 2018)
https://www.washingtonpost.com/news/politics/wp/2018/03/22/all-the-ways-trumps-campaign-was-aided-by-facebook-ranked-by-importance

World Map of Social Networks
https://vincos.it/world-map-of-social-networks

The Atlantic, *How Facebook Works for Trump* (April 17, 2020)
https://www.theatlantic.com/technology/archive/2020/04/how-facebooks-ad-technology-helps-trump-win/606403

The Guardian, *Revealed: 50 million Facebook profiles harvested for Cambridge Analytica in major data breach* (March 17, 2018)
https://www.theguardian.com/news/2018/mar/17/cambridge-analytica-

facebook-influence-us-election

유럽연합 공식 사이트: Principles, countries, history
https://european-union.europa.eu/principles-countries-history_en


**5. '나의 은밀한 자유'를 외치다**

이대학보, 여성이 본인의 삶을 선택할 수 있는 미래로, '이란에게 자유를' (2022.11.07)
https://inews.ewha.ac.kr/news/articleView.html?idxno=70567

기호일보, 히잡반대 시위 여성 29명 체포, '하얀 수요일'이란 (2018.02.03)
https://www.kihoilbo.co.kr/news/articleView.html?idxno=735889

BBC, *Mahsa Amini: Protests over woman's death claim more lives in Iran*
(September 22, 2022)
https://www.bbc.com/news/world-middle-east-62986057


**6. 여전히, 제게는 꿈이 있습니다**

United States Census Bureau, *Examining the Racial and Ethnic Diversity of
Adults and Children* (May 22, 2023)
https://www.census.gov/newsroom/blogs/random-samplings/2023/05/racial-
ethnic-diversity-adults-children.html

연합뉴스, <링컨 200주년> ④흑백평등 이상과 현실 (2009.02.09)
https://n.news.naver.com/mnews/article/001/0002491354?sid=100

경향신문, 1865년 미국 노예제도 폐지 (2008.12.17)
https://www.khan.co.kr/people/people-general/article/200812171738445

문화일보, 美대법 1956년 '버스 좌석 흑백 인종 분리법' 위헌 판결 (2022.11.07)
https://munhwa.com/news/view.html?no=2022110701032836156001

UN 모든 형태의 인종차별 철폐에 관한 국제협약 번역본. (n.d.). 법제처
국가법령정보센터.
https://world.moleg.go.kr/web/wli/lgslInfoReadPage.do?CTS_SEQ=4924AST_SE

Q=309ETC=1

아시아경제, "인종차별 수단 악용" 뉴욕시, 무단횡단 처벌 안 한다 (2024.10.31)
https://view.asiae.co.kr/article/2024103114313782242

중앙일보, 뉴욕시 무단횡단 처벌하지 않기로…"인종차별수단 악용" (2024.10.31)
https://www.joongang.co.kr/article/25288586

아카데미 시상식. (n.d.). 한국영화데이터베이스
https://www.kmdb.or.kr/db/festival/10/2702

경향신문, 후보 20명 모두 백인… "온통 하얀 오스카" (2015.02.23)
https://www.khan.co.kr/culture/movie/article/201502231630161

연합뉴스, <의문과 응답> 눈길 끄는 美 아카데미상 진기록들 (2016.02.27)
https://www.yna.co.kr/view/AKR20160227004700005?section=search

The Academy Awards: Oscars. (n.d.). filmsite
https://www.filmsite.org/oscars.html#history

헤럴드경제, 美 배우들 "백인만의 잔치…아카데미 보이콧" (2016.01.19)
https://news.heraldcorp.com/view.php?ud=20160119000508

MK스포츠, 오스카의 시간은 거꾸로 간다…인종다양성, 칸과 반대길
[2020해외영화계②] (2020.01.23)
https://mksports.co.kr/view/2020/77818/

동아일보, 놀런 감독, '3전 4기'끝 오스카 품어… "영화사 한부분 돼 영광" (2024.03.12)
https://www.donga.com/news/Culture/article/all/20240311/123924414/1

서울신문, "왜 한국어로 수상 소감을?" 기생충 향한 인종차별 그림자 (2020.02.11)
https://www.seoul.co.kr/news/newsView.php?id=20200211500088wlog_tag3=naver

중앙일보, "동양인 시상자 패싱"…로다주·엠마 스톤, 오스카상 태도 논란 (2024.03.11)
https://www.joongang.co.kr/article/25234363

US News world report, *The 10 Worst Countries for Racial Equity* (September 9,

2024)
https://www.usnews.com/news/best-countries/slideshows/worst-countries-
for-racial-equity?onepage

더나은미래, [데이터로 읽는 인종차별] 국내 외국인 20% 인종차별 경험 有 (2024.03.21)
https://www.futurechosun.com/archives/85445

jtbc, "아프리카로 돌아가" 어린이 영양제 광고 인종차별 논란 (2023.07.20)
https://n.news.naver.com/mnews/article/437/0000352021?sid=102

장애인 고용의무제도 개요. (n.d.). 한국장애인고용공단
https://www.kead.or.kr/emplyobsys/cntntsPage.do?menuId=MENU0648

매일경제, '저소득층·여성·소수자 우대' 문구 슬그머니 없앤 기업들 어디? (2024.04.23)
https://www.mk.co.kr/news/world/10997131

구정화, 변순용, 장준현, 김재준, 황병삼, 최준화, 황지숙, 박상재, 엄정훈, 한보라(2018).
고등학교 통합사회. 천재교육.

연합뉴스, [QA] '美소수인종 우대' 역사 속으로…'역차별' 아시아계 대입 문턱↓
(2023.06.30)
https://n.news.naver.com/mnews/article/001/0014036713?sid=104

스포츠동아, 윤여정 "아카데미 시상식 참석→두 아들 증오범죄 걱정" (2021.04.13)
https://sports.donga.com/article/all/20210413/106378898/1

## 7. 빅맥 없는 삶

Britannica, Truce of Andrusovo
https://www.britannica.com/event/Truce-of-Andrusovo

연합뉴스, [우크라 일촉즉발] 러, 크림반도 합병 수순대로 돈바스도 노리나 (2022.02.22)
https://www.yna.co.kr/view/AKR20220222072900009?input=1195m

한국일보, 과연 누구의 땅인가… 고난의 요충지 크림반도의 앞날은? (2014.03.06)
https://www.hankookilbo.com/News/Read/201403061134179530

대외경제정책연구원, [전문가오피니언] 우크라이나 위기의 역사적 배경과 주요 원인
https://www.kiep.go.kr/aif/issueDetail.es?brdctsNo=326718&mid
=a30200000000

한겨레, 우크라, 러 정교회 전격 수색…전쟁에 종교 갈등까지 표면화 (2022.11.23)
https://www.hani.co.kr/arti/international/international_general/1068501.html

NATO, Collective defence and Article 5 (2023.07.04)
https://www.nato.int/cps/en/natohq/topics_110496.htm?

BBC NEWS 코리아, 러시아가 우크라이나를 침공한 이유… 푸틴이 원하는 바는?
(2022.02.25)
https://www.bbc.com/korean/60521326

MBC 뉴스, 러시아의 우크라이나 침공, 왜? (2022.02.24)
https://imnews.imbc.com/replay/2022/nw1400/article/6344562_35722.html

United Nations, *General Assembly Overwhelmingly Adopts Resolution
Demanding Russian Federation Immediately End Illegal Use of Force in Ukraine,
Withdraw All Troops* (March 2, 2022)
https://press.un.org/en/2022/ga12407.doc.htm

KBS뉴스, 유엔 총회, '러 철군 결의안' 채택…141개국 '압도적 지지'로 대러 압박↑
(2022.03.03)
https://news.kbs.co.kr/news/pc/view/view.do?ncd=5407570&ref=A

EU sanctions against Russia explained. (nd). European Council.
https://www.consilium.europa.eu/en/policies/sanctions-against-russia/
sanctions-against-russia-explained/#sanctions

국제앰네스티 한국지부
https://amnesty.or.kr/about

국제앰네스티 한국지부, 국제앰네스티, 러시아 점령 이후 우크라이나에 남겨진
대인지뢰, 전쟁범죄 가능성 조사 촉구 공동 성명 발표 (2024.07.26.)
https://amnesty.or.kr/126433/

UNCHR 대한민국, 우크라이나 전쟁 2년 (2024.03.22)
https://www.unhcr.org/kr/news/stories/Two-years-of-war-in-Ukraine

UNCHR 대한민국, 우크라이나 전선에서 고난을 견디는 노인들 (2017.02.23)
https://www.unhcr.org/kr/news/nyuseu/ukeulaina-jeonseoneseo-gonaneul-gyeondineun-noindeul

프레시안, 맥도날드·유니클로·스타벅스도…글로벌 기업 러시아 '엑소더스' 이유는? (2022.03.11)
https://www.pressian.com/pages/articles/2022031116053249167?utm_source=naverutm_medium=search

한국경제, "절대 구매 안 한다" 맥도날드·코카콜라 불매운동 확산…왜? (2022.03.08)
https://www.hankyung.com/article/2022030826207

BBC NEWS 코리아, '왜 러시아서 철수 안 하냐'…맥도날드, 코카콜라 불매운동 확산 (2022.03.08)
https://www.bbc.com/korean/news-60657670?xtor=AL-73-%5Bpartner%5D-%5Bnaver%5D-%5Bheadline%5D-%5Bkorean%5D-%5Bbizdev%5D-%5Bisapi%5D

박의진, 소비자 만족·기업 경쟁력 두 마리 토끼 잡는 CCMS, 소비자시대. 통권 제257호 (2009년 5월), pp.46-47

한국리서치 여론 속의 여론, [기획] 방식은 달라도 가치가 모여 실현하는 착한 소비 (2020.09.23)
https://hrcopinion.co.kr/archives/16471

국민권익위원회 청렴윤리경영 브리프스, "비윤리적 기업 제품? 비구매!" 착한 소비의 가치 <2022년 7월호>
https://www.acrc.go.kr/briefs/4402a5da9f16e5dd4555be64af3d507232dff8d789e5d5f5e10e1bd441c6c9eb/sub_3.html

McDonald's, *McDonald's To Temporarily Close Restaurants Pause Operations in Russia* (March 08, 2022)
https://corporate.mcdonalds.com/corpmcd/our-stories/article/Russia-

update.html

McDonald's, *McDonald's To Exit from Russia* (May 16, 2022)
https://corporate.mcdonalds.com/corpmcd/our-stories/article/mcd-exit-
russia.html

OECD, *OECD Guidelines for Multinational Enterprises on Responsible Business
Conduct. OECD Publishing, Paris* (June 8, 2023)
https://doi.org/10.1787/81f92357-en

New York Post, *Russian McDonald's fan chains himself to eatery in attempt to
prevent closing* (March 14, 2022)
https://nypost.com/2022/03/14/russian-mcdonalds-fan-chains-himself-to-
eatery-to-stop-closing/

뉴시스, 우크라 전쟁에 개도국 고통 확산…"빵값 40% 올라" (2022.03.23)
https://www.newsis.com/view/?id=NISX20220323_0001804269cID=10101p
ID=10100

YTN, 한국 빵값 '세계 6위'…팔 걷어붙인 공정위 [앵커리포트] (2024.05.01)
https://www.ytn.co.kr/_ln/0102_202405011339186973


## 8. 만나 볼래? 네 옷을 만든 사람!

NPR, *Planet Money Makes A T-Shirt (Introduction)* (December 6, 2013)
https://www.youtube.com/watch?v=r2Zod7Sd3rQlist=PLp-wXwmbv3z8aAJrhy
ttiqPMiKy0WVJymindex=7

BBC News코리아, 광복절: 인도에서도 8월 15일에 독립을 기념한다. 75년 전 인도에선
무슨 일이 있었나 (2022.08.15)
https://www.bbc.com/korean/international-62332168

Rikta Akter, *Rivers of Bangladesh: Nature's Lifeblood and Its Enduring Beauty*
https://vocal.media/history/rivers-of-bangladesh-nature-s-lifeblood-and-its-
enduring-beauty

NCR, *Bangladesh counts the human cost of the garment industry* (April 20, 2016)
https://www.ncronline.org/bangladesh-counts-human-cost-garment-industry?utm_source=chatgpt.com

연합뉴스, 1천134명 목숨 앗아간 방글라데시 의류공장 붕괴참사 10주년 (2023.04.25)
https://www.yna.co.kr/view/AKR20230425070400009

국제섬유신문, 2022년 세계 의류 수출 1위 중국, 방글라데시 2위 (2023.08.11)
https://www.itnk.co.kr/news/articleView.html?idxno=71860

The Guardian, *Who made my clothes? Stand up for workers' rights with Fashion Revolution week* (April 22, 2019)
https://www.theguardian.com/fashion/commentisfree/2019/apr/22/who-made-my-clothes-stand-up-for-workers-rights-with-fashion-revolution-week

디자인프레스, 지속가능패션의 뉴노멀 '지속가능패션 서밋 서울 2020' 리뷰 (2020.11.06)
https://blog.naver.com/designpress2016/222137324176

패션인사이트, 패션 투명성 지수에 주목하라 (上) (2024.01.25)
https://www.fi.co.kr/main/view.asp?idx=81278